Eugène Houde

Émotivité
et efficacité
au travail

Préface de Lucien Auger

Couverture
- Illustration:
  MICHEL BÉRARD
- Maquette:
  MICHEL BÉRARD

Maquette intérieure
- Conception graphique:
  GAÉTAN FORCILLO

Eugène Houde

Émotivité et efficacité au travail

Préface de Lucien Auger

FORMATION 2000 Inc.

7495 MARISA
BROSSARD, QUÉ., J4Y 1J7

À mon épouse, Rina.

Préface

C'est avec beaucoup de plaisir que je salue la parution du présent volume, le premier à ma connaissance à appliquer de façon concrète les principes de la psychothérapie émotivo-rationnelle au domaine de la gestion. J'aime voir dans la publication de cet ouvrage le signe avant-coureur d'une époque où des disciplines apparemment aussi étrangères que la psychothérapie et l'administration vont de plus en plus trouver des points de contact et s'enrichir mutuellement plutôt que de se lorgner d'un oeil méfiant.

Un tel volume, en effet, contribuera efficacement, je l'espère, à amoindrir les préjugés tenaces que nourrissent les uns à l'égard des autres les spécialistes de ces deux disciplines. Pour l'administrateur, les psychologues, et surtout les psychothérapeutes, sont le plus souvent des individus barbus aux cheveux longs s'entretenant interminablement des problèmes vagues et obscurs des malheureux névrosés qui viennent échouer dans leur bureau. Quant au thérapeute, il considère souvent l'administrateur ou le gestionnaire comme une mécanique humaine, dénué d'émotions, uniquement intéressé par la production et le profit, bousculant sans ménagement les humains qu'il dirige en ignorant totalement les principes fondamentaux de contacts interpersonnels sains.

Voici donc enfin un livre qui permet au lecteur de constater que la réalité peut être tout autre et que la méfiance entretenue par les gestionnaires à l'égard des spécialistes des relations humaines et par ces derniers à l'égard des gestionnaires repose bien plus sur l'ignorance et l'incompréhension que sur des différences irréconciliables entre les deux champs d'étude.

La philosophie émotivo-rationnelle, dont l'auteur s'inspire tout au long de ses réflexions pratiques sur l'art de la gestion, découle de la philosophie de l'école stoïcienne et, plus récemment, des travaux du psychologue américain Albert Ellis. Cette philosophie a donné naissance à une méthode thérapeutique dont les applications ne se limitent pas au seul travail auprès d'une clientèle émotivement perturbée mais s'étendent à des domaines aussi variés que la vie conjugale, la politique nationale et internationale, la vie des organismes et des groupes et, comme le montre Eugène Houde, aux diverses facettes du travail de gestionnaire.

Comme la plupart des méthodes thérapeutiques, la psychothérapie émotivo-rationnelle reconnaît le rôle prédominant des émotions dans la réalisation du bonheur humain et comme facteurs déterminants de l'action. Jusque-là, rien de bien original, et tout le monde reconnaîtra sans peine que c'est sous le coup de l'émotion que les gestionnaires, comme tous les autres êtres humains, passent à l'action.

Là où se fait plus originale la contribution de la méthode émotivo-rationnelle, c'est dans son insistance à remonter aux causes des émotions, à en trouver la source dans les contenus cognitifs (idées, pensées, croyances, conceptions, interprétations) et à proposer une démarche rigoureuse de purification et de démystification de nombre d'idées généralement tenues pour vraies et acceptées par la grande majorité des gens.

Alors que beaucoup d'intervenants recommanderaient à un gestionnaire harassé, déprimé, colérique et impatient de prendre des vacances, de se coucher plus tôt et de faire un peu de sport, toutes suggestions valables par ailleurs, le psychologue émotivo-rationnel s'acharnera à identifier avec son client les idées et les croyances qui causent ces émotions qui l'incommodent. La seule "ventilation" ou expression plus ou moins directe de ces émotions ne constitue jamais un but mais tout au plus une étape dans une démarche qui, pour être vraiment efficace, doit aboutir à l'identification et à la modification des contenus cognitifs qui constituent la véritable cause des phénomènes émotifs.

Cette démarche, que les tenants de l'orientation émotivo-rationnelle nomment la confrontation, si elle est souvent répétée et avec suffisamment de précision, aboutit au changement des croyances et des idées et donc, conséquemment, au changement émotif désiré.

Tout au long de son ouvrage, Eugène Houde donne de nombreux exemples de l'application concrète de cette démarche dans le domaine de la gestion. Il montre combien certaines idées et croyances, auxquelles les administrateurs et les gestionnaires semblent imperméables, habitent en fait souvent leur esprit, même s'ils peuvent initialement se montrer réticents à le reconnaître. Des idées comme l'illusoire besoin d'être aimé et approuvé par tous pour presque tout ce que l'on fait, l'illusoire besoin de réussir tout ce que l'on entreprend, sous peine d'être fatalement amené à se mépriser, l'idée que les choses devraient être autrement et que ce qui est bien fait et intelligemment mené doit aboutir selon les désirs de celui qui s'y est appliqué, autant de notions qui provoquent chez celui qui les nourrit l'anxiété, l'infériorité, la dépression, l'hostilité, émotions qui à leur tour viennent influencer de manière désavantageuse sa façon d'agir dans sa vie personnelle ou professionnelle.

Voilà donc pour la première fois la réflexion philosophique d'orientation émotivo-rationnelle appliquée par l'auteur au domaine de la gestion. Puisse la lecture de ce volume et la mise en pratique des enseignements qu'il contient permettre aux gestionnaires d'arriver à accomplir leur travail d'une manière moins harassante et favoriser chez eux les bienfaits d'une bonne digestion plutôt que l'apparition d'ulcères gastriques qui ne sont que trop souvent la caractéristique douloureuse de cette profession.

Lucien Auger, Ph.D.
Centre Interdisciplinaire de Montréal

Introduction

Il existe un grand nombre de bons livres sur la gestion des organisations, que ces organisations soient à caractère public ou privé, qu'elles soient des entreprises à but lucratif ou sans but lucratif. Ces livres insistent en général sur CE QU'IL FAUT FAIRE pour bien gérer. Il faut toutefois consulter toutes sortes d'autres sources d'information, du domaine psychologique ou sociologique, pour trouver COMMENT arriver à le faire, compte tenu de l'imperfection de la nature humaine.

Or, mon expérience de gestionnaire m'a appris que l'on ne peut vraiment pas séparer ces deux éléments importants, dans la pratique, sans se condamner presque immédiatement à l'inefficacité. C'est pourquoi, aussi modeste soit-il, ce livre constitue une contribution importante dans le rapprochement de ces deux éléments: CE QU'IL FAUT FAIRE (les titres de chapitres y font référence, directement ou indirectement) et COMMENT RÉUSSIR À LE FAIRE (ce sur quoi j'insiste tout particulièrement, en utilisant l'approche émotivo-rationnelle), grâce à l'identification et à la confrontation des idées irréalistes véhiculées depuis toujours dans l'esprit des gestionnaires. Comme j'essaie de vivre moi-même ce que j'enseigne, et que j'y trouve en fait un grand intérêt personnel, je crois qu'on retrouvera dans ce livre, écrit sous forme de roman, un bon accent de vérité.

En effet, je crée dans ce livre un personnage, Bernard, que je fais parler à la première personne, et à qui je fais vivre toutes sortes d'expériences administratives où les émotions sont admises et analysées. Bien entendu, ces

13

expériences sont fictives, mais elles empruntent leur accent de vérité à plusieurs années d'expérience que j'ai moi-même vécues en administration.

Le domaine de la gestion étant très vaste, je me suis limité aux éléments du processus de la gestion qui impliquent le plus de relations interpersonnelles, soit la direction et le contrôle. Ce qui ne signifie aucunement que la planification et l'organisation, les deux autres éléments reconnus habituellement dans le processus de gestion, sont à négliger dans un travail de gestionnaire. Ce qui ne signifie pas non plus que j'ai couvert entièrement les éléments de la direction et du contrôle: j'ai plutôt cherché à en faire ressortir les aspects principaux en y rattachant les idées irréalistes les plus courantes chez les gestionnaires.

J'espère ainsi contribuer à répandre dans les milieux de travail une approche que je considère exceptionnelle, l'approche émotivo-rationnelle (The Rational Emotive Therapy), approche que j'ai fusionnée ici à l'approche de Peter Drucker en administration.

Eugène Houde

Chapitre I

Je sais où je vais

J'étais coincé. Je ne savais plus quoi faire. Je me voyais acculé à la décision de congédieur Paul, mon beau-frère, un alcoolique notoire travaillant dans mes services. Je me disais: Bernard (c'est mon nom!), qu'est-ce que Louise (c'est mon épouse!) va penser de toi? Voici ce qu'elle va te dire: "Avec toutes les belles techniques que tu as apprises durant tes études en administration, et avec en plus un baccalauréat en psychologie, tu ne serais pas capable de récupérer Paul ou de lui garder au moins une toute petite place dans tes services? Tu diriges plus de 300 employés comme directeur de la production d'une bonne compagnie de portes et fenêtres, ta compagnie est florissante, et tu ne réussirais même pas à le caser dans un autre service? N'oublie pas que c'est mon frère, que papa ne te le pardonnera jamais et que toute ma famille nous tournera le dos à cause de ta méchanceté!"

J'avais la possibilité de continuer le jeu que je jouais depuis deux ans, c'est-à-dire depuis que j'avais obtenu une promotion à ce poste de directeur de la production, poste que j'occupe encore aujourd'hui. Avec cette promotion, j'étais devenu le grand patron de Paul, mon beau-frère. Je demandais à Tom, son supérieur immédiat, d'aller vérifier s'il ne traînait pas à la brasserie quand il ne revenait pas au travail après le dîner. Tom l'y repêchait immanquablement, et nous tolérions alors ses minutes de retard, en plus du fait qu'il était déjà éméché. Toutefois, les autres employés jasaient: ils connaissaient les manoeuvres de Tom, savaient même que Tom en avait plus qu'assez de jouer à la gardienne d'enfant. Ils disaient que tout autre que mon beau-frère aurait déjà été congédié depuis longtemps, que c'était dangereux pour la sécurité des autres et que j'étais un faible. Quand Paul s'absentait du travail pour une journée, se déclarant malade pour aller boire, je téléphonais à son épouse (souvent, elle le croyait à son travail!) pour qu'elle le retrouve et s'assure qu'il ne prolonge pas son absence, risquant ainsi de perdre son emploi. Je le protégeais. J'ai même déjà quitté mon travail pour aller le chercher moi-même et le sortir d'une taverne, saoul au point que je dus le porter pour le ramener chez lui: il était absolument incapable de travailler ce jour-là.

Entre-temps, le travail de Paul s'en ressentait. Il était un ouvrier des plus qualifiés et des plus adroits quand il était sobre; sa production était alors d'une qualité irréprochable et il devançait même ses confrères pour fournir les postes de travail subséquents. Mais quand il revenait de la brasserie, après le dîner, la qualité baissait, et il traînait derrière les autres, de même lorsqu'il devenait hanté par la boisson et que tous le savaient mûr pour une absence de trois ou quatre jours.

Cela ne pouvait pas durer. Je me rappelais très bien ce qu'on m'avait enseigné durant mon cours en administration: quand un problème se présente, je dois considérer les objectifs de ma compagnie: produire des portes et des fenêtres de la façon la plus économique et mettre sur le marché un bon produit à des prix concurrentiels, et me débarrasser de tout ce qui en empêche l'accomplissement. Je savais même que je n'avais pas à m'éterniser dans la recherche de solutions: il est possible de garder Paul à la condition qu'il cesse de boire, sinon il n'y a qu'à le congédier. Pourquoi passer beaucoup de temps à analyser ces solutions? Paul a été averti à maintes reprises, verbalement et par écrit. Il a même dû subir deux suspensions, l'une d'une journée, l'autre de cinq jours. Devrais-je lui donner maintenant une troisième suspension? C'est peine perdue; il va récidiver.

Le choix logique est donc de le congédier. Et pourtant, je n'arrivais pas à me décider!

Cette situation affectait également ma concentration et mon esprit de décision dans tous les domaines de mon travail. Comme je me querellais souvent avec ma femme Louise, au sujet de son frère Paul, nos sujets de querelles étaient allés en s'amplifiant, de telle sorte que ces querelles interminables, qui avaient pourtant lieu à la maison, remplissaient mon esprit au travail. Lorsque les gens me parlaient, mon esprit était ailleurs, et j'étais devenu incapable de me concentrer et de prendre des décisions qui sortaient de la routine.

C'est alors que je tombai sur un merveilleux petit livre: *S'aider soi-même* de Lucien Auger. On y enseigne l'art de surmonter les obstacles psychologiques à l'accomplissement de nos objectifs personnels. Plus j'y réfléchissais, plus je voyais les possibilités d'application de cette méthode en gestion. La vie personnelle et la vie professionnelle s'interpénètrent continuellement. Nos pensées vagabondent sans cesse: elles peuvent être à la maison alors que je suis physiquement à mon travail, et elles peuvent être au travail alors que je suis physiquement à la maison.

Je connaissais très bien les principes d'une bonne gestion: ne perds jamais de vue l'objectif général de l'entreprise, car c'est cet objectif général qui te permet de savoir où tu vas. Tu es libre d'être gestionnaire mais, une fois que tu as pris la décision de l'être, tu as avantage à respecter et à atteindre les objectifs de l'entreprise. Autrement, il y a de fortes chances que tu ne gardes pas ton emploi de gestionnaire très très longtemps. Je savais également que l'objectif général de l'entreprise est d'une importance primordiale car c'est ce qui permet d'intégrer tous nos comportements humains de gestionnaires: autant les comportements qui impliquent la compréhension, l'entraide et les bonnes relations humaines, que ceux qui permettent d'exercer un contrôle: exigences claires, fermeté et parfois même sévérité. Je savais de plus que la réalisation de l'objectif général est étroitement liée à l'efficacité, puisque c'est l'efficacité qui nous fait poser les gestes requis pour atteindre les résultats désirés et assurer ainsi la rentabilité et le profit de l'entreprise, critères de survie pour l'entreprise. D'ailleurs, même les gouvernements suivent certaines lois de l'entreprise, car les gouvernements se fixent des objectifs dont la réalisation plus ou moins parfaite est une des conditions de leur réélection.

Je savais aussi qu'on n'a pas à décider à nouveau, chaque jour, de l'objectif général de l'entreprise. Il est habituellement très simple et très clair, même si on doit continuellement l'ajuster aux besoins de la clientèle. On le détermine habituellement dans les lettres patentes ou les statuts de la compagnie, ou même dans son nom corporatif. Les gouvernements inscrivent l'objectif général d'un ministère dans sa loi constituante. Je n'avais donc qu'à agir en fonction de l'objectif général de ma compagnie: fabriquer des portes et des fenêtres de la façon la plus économique, et en m'assurant de leur qualité. C'est tellement simple, et pourtant combien de gestionnaires l'oublient. C'est au gestionnaire de rappeler à chacun des employés de l'entreprise qu'il a avantage lui aussi à respecter les objectifs de la compagnie s'il veut garder son emploi. C'est d'ailleurs là, dans le quotidien, qu'un gestionnaire est un homme de décision, car il décide chaque mois, chaque semaine, chaque jour de telle orientation ou de tel geste qui doivent s'inscrire dans la ligne de l'objectif général de l'entreprise.

On parle beaucoup de direction participative par les objectifs depuis quelques années en administration, depuis en fait que Peter Drucker a lancé cette idée comme devant orienter l'action des entreprises en y faisant participer tous leurs employés, lesquels développent ainsi une vision de gestionnaire de l'entreprise dans laquelle ils travaillent et peuvent donc se passer d'un contrôle serré étant donné leur intérêt. Dans la pratique, on a malheureusement souvent faussé l'idée originale de Peter Drucker en la noyant dans une avalanche de formulaires et de procédures alors que, à l'origine, Peter Drucker avait lancé cette idée dans la plus grande simplicité. Le processus consiste essentiellement à se poser la question: "Où allons-nous et où voulons-nous aller?", question que chacun se pose à tous les niveaux, en cherchant quelle est la meilleure contribution qu'il peut apporter à l'entreprise pour la faire prospérer. Une fois que la haute direction d'une entreprise a établi les objectifs généraux de l'entreprise pour l'année qui vient, en se posant cette question fondamentale, chacun, à tous les niveaux hiérarchiques de l'entreprise, se pose la même question pour établir ses objectifs spécifiques, objectifs qui doivent nécessairement contribuer à la réalisation des objectifs généraux déjà établis par la haute direction. De plus, pour que les objectifs spécifiques des différents niveaux de l'entreprise puissent être poursuivis de façon efficace, il est important qu'ils suscitent un minimum d'intérêt personnel chez les employés. D'où l'importance également des choix personnels.

En lisant *S'aider soi-même*, j'ai constaté combien les vrais choix personnels étaient importants dans notre vie. Mais, me direz-vous, qu'est-ce que vient faire un choix personnel dans les objectifs d'une entreprise qui n'est même pas ma propriété? C'est que chacun de nous a intérêt à se poser la question essentielle: que veux-tu vraiment faire de ta vie? Si tu n'es pas intéressé à la gestion, eh bien! pose les gestes requis pour t'orienter ailleurs. Mais si tu trouves des avantages dans le fait d'être gestionnaire, si tu désires le devenir ou le rester, tu dois faire des objectifs de ta compagnie ton choix personnel puisque c'est elle, actuellement, qui te permet d'être gestionnaire. Une fois ce choix établi, tu orienteras tous tes choix de gestionnaire, dans le quotidien, vers l'objectif général de l'entreprise. De la sorte, et bien qu'on refuse souvent de se l'avouer, objectifs personnels et objectifs poursuivis par la compagnie sont intimement reliés si l'on désire être efficace. Facile à dire, me direz-vous, mais pas facile à faire!

J'en étais justement là avec le problème de Paul, mon beau-frère. Je savais très bien *quoi* faire, mais je me sentais incapable de le faire. Je ne savais pas *comment* le faire. L'obstacle que je rencontrais était en moi-même, un obstacle psychologique. Je constate d'ailleurs que je ne suis pas le seul à rencontrer de tels problèmes en gestion: la plupart des gestionnaires savent parfaitement *quoi* faire, mais ils ne savent pas *comment* le faire. C'est de ce *comment* dont je veux parler dans ce livre.

Je m'appliquai donc à approfondir ces pensées. Je les analysai au jour le jour en les *confrontant* avec la réalité. Je le fis par écrit, et je m'aperçus que le résultat obtenu correspondait vraiment à mes efforts. Mon objectif personnel, flou et mal formulé peut-être à ce moment-là, était d'améliorer mon esprit de décision et ma concentration, deux qualités qu'on m'avait toujours dites primordiales pour un gestionnaire. Or, j'en étais rendu à ne pouvoir me décider et me concentrer sur pratiquement rien. Devais-je alors confronter avec la réalité mon manque d'esprit de décision et de concentration? Pas du tout, même si c'était là mon objectif primordial. Ce qu'il fallait faire, et ce que j'ai fait, c'est subdiviser mon objectif général (à remarquer que mon objectif personnel d'améliorer mon esprit de décision et ma concentration est avantageux pour mon entreprise et va donc dans le sens de l'objectif général de l'entreprise) en mini-objectifs, mini-objectifs qui consistaient pour moi à confronter chaque jour chacune des décisions, même mineures, que j'hésitais à prendre, et à faire de même pour chaque situation où je laissais vagabonder mon esprit et où je pensais à mes problèmes personnels pendant que les gens qui m'entouraient me demandaient des idées pour améliorer la production. C'est ainsi que j'appris vraiment combien cette technique des mini-objectifs est importante autant en gestion que dans ma vie personnelle. Elle me permet de savoir où je vais à chaque instant. Étant davantage en contact avec la réalité, j'effectue une meilleure gestion de mes services, et même ma digestion s'en porte mieux!

Je confrontai donc mon indécision quant au congédiement de mon beau-frère, Paul. Quelle est la cause, me dis-je, de ton trouble émotif et de ton indécision? C'est le comportement de Paul, et le fait qu'il nuit à l'atteinte des objectifs de la compagnie. Quelles sont les idées qui te trottent dans la tête? C'est surtout ce que ma femme va penser de moi: que je suis extrêmement méchant, insensible, inhumain; que Paul va se retrouver en chômage et qu'il ne s'en remettra peut-être pas; que toute ma belle-famille va me détester, et peut-être même que Louise voudra divorcer... Et quelle est la réalité? La réalité est que Paul a été averti à maintes et maintes reprises, que ses deux suspensions étaient en outre deux avertissements des plus sévères, que s'il avait vraiment tenu à son emploi, cela aurait été suffisant pour qu'il change son comportement et que, en conséquence, c'est lui qui prend à toutes fins pratiques la décision de quitter son emploi puisqu'il prend la décision de ne pas l'accomplir raisonnablement bien et qu'il ne prend aucune mesure de psychothérapie ou de désintoxication. La réalité, c'est que ce n'est pas très équitable pour ses confrères de travail, la charge de travail se trouvant alors mal répartie et la sécurité des employés étant mal assurée. De plus, le fait que toute ma belle-famille me boude pour l'avenir suite au congédiement de Paul relève de leur décision et ne devrait pas m'empêcher de vivre: je n'ai pas besoin de leur amour pour vivre. J'en suis donc arrivé à congédier Paul: ce fut pour lui le coup de fouet souhaitable qui l'a incité à se prendre en main, à suivre un traitement de psychothérapie suivant la méthode émotivo-rationnelle et à se chercher un nouvel emploi qu'il accomplit à la satisfaction de son employeur. Je puis vous certifier que cette décision, extrêmement difficile pour moi, m'a permis de mieux savoir où je vais. Maintenant je n'oublie jamais que j'ai intérêt à ce que mes décisions de gestionnaire se situent dans la ligne de l'objectif général de l'entreprise et je subdivise toujours mes objectifs annuels en objectifs mensuels, hebdomadaires et même quotidiens, en mini-objectifs qui soient réalisables d'instant en instant.

Cette décision concernant le congédiement de Paul m'a également raffermi dans mes autres décisions. Je ne sentais plus autant le besoin de me faire approuver par les autres et, chose curieuse, les autres étaient maintenant plus facilement d'accord avec moi. Je devins capable d'exprimer mes opinions en toute sérénité, même aux plus hautes autorités de la compagnie, et même lorsque je n'étais pas d'accord avec mes supérieurs, car je n'exigeais pas, dans mon for intérieur, qu'ils m'approuvent à tous coups. L'esprit de décision est d'une importance capitale dans la gestion car l'entreprise, pour supporter la concurrence, a intérêt à jouer toujours à l'offensive par rapport à ses concurrents, le moins souvent possible à la défensive.

En confrontant mes idées irréalistes dans un cas d'indécision, j'ai acquis une meilleure stabilité émotive en ce qui concerne ce cas précis. Puis, en passant à l'action immédiatement, j'ai renforcé la confiance que je venais d'accroître en moi-même. Je jouis alors d'un système de renforcement réciproque entre le réalisme de mes idées et la fermeté de mon comportement futur. C'est ainsi que, par un effort soutenu dans de petites choses, j'améliore constamment ma vie émotive et les résultats que j'obtiens.

Par ailleurs, des décisions impulsives et trop hâtives sont aussi nuisibles dans l'entreprise qu'une indécision marquée. J'ai connu un chef d'entreprise qui se voulait efficace et congédiait les gens allégrement, supposément pour amener du sang neuf dans la compagnie. Il n'a réussi qu'à susciter le désintérêt chez tous ses employés et à accélérer la formation d'un syndicat. Dès qu'il en apprit la constitution, il décida très vite qu'il écraserait ce syndicat: il se vit bientôt acculé à des procédures légales coûteuses et à une guerre ouverte qui l'a amené au bord de la faillite.

S'il est essentiel de toujours marcher dans le sens de ses objectifs, il importe avant tout de prendre le temps de bien les penser et les choisir, car c'est d'un choix bien fait, revu au besoin, que dépend l'efficacité de l'action future. En effet, une bonne planification est d'une importance capitale. Elle est à la source de toute la stratégie d'action et à la source même d'une action efficace: *Plan your work, and work your plan*, disent les Américains.

Un autre gestionnaire avait décidé trop rapidement, et cela malgré l'avis de certains de ses collègues de travail, qu'il avait besoin d'un rapport de production très sophistiqué. Ses collègues lui disaient qu'il pouvait trouver ailleurs toutes les données statistiques qu'il voulait obtenir dans ce rapport. S'entêtant dans sa décision hâtive, ce gestionnaire tenta de l'imposer à ses employés. Il fit alors face à une révolte ouverte, et ses employés lui prouvèrent même, chiffres à l'appui, qu'il utilisait ainsi beaucoup du temps qu'il aurait été plus avantageux de consacrer à la production. Ils exigèrent donc une baisse des quotas de production afin de leur permettre de compléter ce rapport, argumentant à leur tour que ces données statistiques se retrouvaient sous une autre forme dans d'autres rapports. Ce gestionnaire dut battre en retraite devant ce barrage en règle: n'eût-il pas été préférable de consulter et d'écouter quelques personnes-clés avant de prendre une telle décision?

Peter Drucker suggère de susciter la controverse autour d'une question dans un groupe de travail avant de prendre une décision. On a ainsi de meilleures chances que cette décision soit la bonne.

Un de mes amis faillit un jour être embauché dans la fonction publique. Il refusa finalement cette offre quand il constata qu'une promesse qu'on lui avait faite ne pouvait être tenue: un haut fonctionnaire lui avait en effet promis quelque chose dont il n'était pas en son pouvoir de décider et qui était contraire aux normes établies par le Conseil du Trésor. Ce haut fonctionnaire était peut-être un homme de décision, mais il prenait des décisions trop rapides et il devait ensuite se rétracter à cause des normes établies. Il est donc important, lors d'une décision de gestion, de tenir compte de sa propre situation dans l'entreprise et de prendre cette décision en conformité avec cette situation. On peut en effet comparer l'entreprise à un engrenage dont chaque employé est une dent: si une dent de l'engrenage est cassée, tout l'engrenage roule mal. Ainsi, moi, comme gestionnaire, je serai efficace pour l'entreprise tant que je respecterai ma place comme dent de l'engrenage. Et je saurai d'autant mieux où je vais que je saurai où je me situe, dans l'entreprise, comme dent de l'engrenage. Chaque dent de l'engrenage est importante!

L'autre obstacle majeur qui m'empêchait de savoir où j'allais et qui m'empêchait d'adhérer à chaque instant à l'objectif général de la compagnie était la difficulté que j'avais à me concentrer. Or, la concentration est essentielle pour travailler comme gestionnaire: comment serait-il en effet possible à un gestionnaire de savoir où il va, de se concentrer sur l'objectif général de l'entreprise et de le poursuivre sans relâche, s'il est incapable de garder son esprit orienté vers cet objectif? On voit alors que la concentration et l'esprit de décision sont deux éléments essentiels dans la poursuite de l'objectif général de l'entreprise et que ce sont deux qualités importantes à développer si l'on désire devenir ou demeurer gestionnaire. Ces deux qualités ne sont-elles pas d'ailleurs deux aspects d'une même réalité? Je ne puis choisir un objectif si j'ai besoin qu'on m'approuve en tout, et je ne puis me concentrer sur cet objectif si j'éprouve une peur panique d'être désapprouvé. Une bonne concentration sur l'objectif général de l'entreprise permet de distinguer l'essentiel de l'accessoire, de se diriger vers ce qu'il y a d'important à faire dans le meilleur délai, de respecter ces délais, de s'interroger sur les méthodes actuelles de travail et d'en rechercher constamment de plus efficaces et d'effectuer des analyses pertinentes, une planification efficace et des choix judicieux.

Voici donc comment j'ai travaillé ma faiblesse de concentration, parallèlement à mon manque d'esprit de décision. Chaque soir, à la maison, je me remémorais ma journée et j'essayais de retracer les situations au cours desquelles mon esprit avait vagabondé. Mon manque de concentration était presque toujours dû à des préoccupations personnelles chargées d'anxiété. Je refaisais chaque fois la démarche de la confrontation: quel est l'*événement* au cours duquel tu as manqué de concentration, quelles *idées irréalistes* occupaient alors ton esprit et quelle est *la réalité* par rapport à ces idées irréalistes? Un jour, je m'étais ainsi évadé dans mes pensées au cours d'une réunion importante et je m'étais couvert de ridicule au moment où j'étais revenu à la conversation. Je voyais clairement que je n'avais pas intérêt à manquer ainsi de concentration et de présence aux autres. Je réalisais que c'était à mon avantage de confronter les idées irréalistes à l'origine de mon manque de concentration et de mon anxiété. J'avais été distrait par la peur que les autres disent que je protégeais mon beau-frère, Paul, que c'était injuste et abominable et que j'étais donc un mauvais patron. Je me disais alors intérieurement que je devais être un patron parfait, que c'était inacceptable que des gens disent que j'étais injuste, qu'ils me devaient un respect absolu puisque j'étais leur patron et qu'on doit respecter l'autorité. Voilà quelles étaient mes idées irréalistes. Quant à la réalité à laquelle confronter ces idées irréalistes, quelle était-elle? Eh bien, si les autres parlent de moi, c'est entièrement leur droit et je ne peux en aucune façon les empêcher de le faire; si les autres pensent que je protège mon beau-frère, c'est leur droit de le penser, et je dois dire que c'est même ce que je fais. Je le protège effectivement, et il n'y a là rien d'injuste ni d'abominable, et je n'en suis pas pour autant mauvais. Je ne suis peut-être pas un patron parfait mais, de toute façon, un patron parfait ça n'existe pas. Même si je désire être un patron parfait, je n'y arriverai jamais puisqu'une telle chose n'existe pas chez les humains. Et comment prétendre que cela est inacceptable que les autres disent que je suis injuste? Puisqu'ils ont la possibilité de le faire, la nature et leur liberté le leur permettant, il n'y a rien qui dit que les gens ne puissent m'appliquer à moi un tel terme. Et de toute façon, cela n'ajoute ni n'enlève rien à ma personnalité. C'est peut-être désagréable, oui, mais il est dans l'ordre des choses que des choses désagréables m'arrivent à moi comme il en arrive à tout le monde chaque jour. De plus, personne n'est obligé de respecter l'autorité. Voilà de quelle façon je confrontais les idées irréalistes que je pouvais retracer dans mon esprit et qui m'empêchaient de me concentrer sur les choses importantes de mon travail. Chaque fois, j'ajoutais un point concernant mon intérêt personnel: c'est dans ton intérêt, me disais-je, de te forcer à être présent aux autres lorsqu'ils te parlent ou lorsque tu travailles dans une réunion, car tu manques peut-être des informations importantes lorsque tu ne fais pas l'effort de te concentrer sur ton travail présent. Il vaut mieux attendre le soir, au moment de tes confrontations quotidiennes, pour penser à tous ces problèmes qui te préoccupent et que tu peux alors confronter efficacement. Ton intérêt est donc actuellement dans ta présence aux autres. De même, tu as intérêt à te concentrer sur le travail que tu accomplis individuellement.

Pour me forcer à toujours mieux repenser mes confrontations, je détruisais au fur et à mesure tous les écrits résultant de mes confrontations quotidiennes (je les faisais alors par écrit), car je m'étais aperçu que j'avais avantage à répéter les mêmes confrontations en fournissant un nouvel effort pour identifier les idées irréalistes qui occupaient mon esprit et la réalité à laquelle les confronter. Toutes mes confrontations se faisaient sous la forme la plus simple possible, en dressant côte à côte trois colonnes, comme suit:

Événement	Idées irréalistes	Réalité

Quoi de plus simple! Et pourtant, c'est si efficace pour la personne qui pratique une telle technique avec ténacité! Je défie n'importe qui s'adonnant à une telle pratique une quinzaine de minutes par jour de ne pas acquérir une meilleure stabilité émotive, condition combien importante dans la poursuite et la réalisation de ses objectifs personnels et des objectifs de son entreprise.

J'en conclus donc que, en gestion, il est d'une importance primordiale de savoir où l'on va et où l'on veut aller, donc de se fixer des objectifs précis et mesurables. De plus, si l'on veut que ces objectifs soient vraiment opérants, il est fortement souhaitable de les subdiviser en mini-objectifs. Or, dans le processus conduisant au choix et à la poursuite des objectifs, l'esprit de décision et la concentration sont deux qualités qu'un gestionnaire a grand avantage à développer. Nous avons vu combien la technique de la confrontation peut aider celui qui veut vraiment les développer. Pour s'adonner à la technique de la confrontation, il suffit d'en prendre la décision et de passer à l'action, la technique elle-même étant d'une simplicité désarmante.

Nous voyons déjà, à la fin de ce chapitre, où nous nous situons dans le processus de gestion, processus habituellement divisé selon les activités traditionnelles de la planification, de l'organisation, de la direction et du contrôle. Nous nous orientons clairement dans la direction des ressources humaines, direction considérée comme primordiale pour toute personne ayant autorité sur d'autres personnes dans une entreprise ou une organisation. Ce livre ne vise aucunement l'organisation et le fonctionnement des services de personnel ou des services de ressources humaines, même si les spécialistes de ces services ont avantage à s'en inspirer pour une meilleure définition de leurs politiques.

Chapitre II

J'y vais

Accident à l'usine. L'accidenté, Méo, un ouvrier sous ma direction, semblait fatigué et peu heureux de reprendre le travail ce matin-là, le dernier lundi de février. L'accident est survenu dans des circonstances embarrassantes et je me suis senti coupable. Méo sablait le long côté d'une porte avec une sableuse rotative, alors que l'autre côté de la porte était tenu par des serre-joints. Une courroie s'est défaite sur une machine voisine. Un ouvrier a crié. Méo a sursauté et a glissé sur des copeaux qui se trouvaient sur le plancher mouillé. Sa sableuse rotative s'est renversée et lui a coupé l'index et le majeur de la main gauche alors qu'il cherchait à s'appuyer sur la porte pour ne pas tomber. Tout ça en quelques secondes.

Or, six mois plus tôt, les travailleurs de l'usine avaient élu leur représentant à la prévention des accidents de travail, conformément à la Loi sur la santé et la sécurité au travail. Un comité de santé et de sécurité avait été créé: je faisais partie de ce comité, avec deux de mes contremaîtres et notre préposé à la sécurité dans l'usine, pour représenter l'employeur, alors que quatre ouvriers avaient été choisis par leurs confrères pour les représenter. Le représentant à la prévention s'ajoutait à ces huit personnes: les travailleurs étaient donc en majorité, même si le vote demeurait paritaire.

Dès la première réunion de ce comité, nous avions décidé unanimement de prendre un soin jaloux de la propreté, de répandre deux fois par jour des produits antidérapants sur le plancher, de ne jamais travailler sur des planchers mouillés et d'installer immédiatement une souffleuse à air chaud pour assécher rapidement le plancher, près des portes par où les employés entraient avec leurs bottes durant l'hiver. Cette neige fondait rapidement et augmentait ainsi le danger de glisser. Nous savions donc tous très bien où nous allions, nous, les membres du comité, et notre objectif était très clair.

Toutefois, notre décision avait été prise dans l'euphorie d'une campagne de prévention qu'avait lancée la Commission de la santé et de la sécurité au travail, et la suite des événements a prouvé que chacun de nous attendait que les autres passent à l'action. Or, il ne suffit pas de savoir où l'on va, encore faut-il y aller... Après avoir pris des décisions claires et fermes dans le sens des objectifs de la compagnie, il faut ensuite passer à l'action si l'on veut vraiment les réaliser. Combien de décisions de gestionnaires finissent ainsi dans l'oubli ou traînent en attendant que quelqu'un décide de passer à l'action!

Notre décision avait été prise en été, alors que les planchers étaient moins souvent mouillés que durant les mois de neige. Il n'y avait donc pas urgence. Nous n'avions pas fixé de délai précis à la réalisation de ce projet, même si nous avions parlé de réalisation "immédiate". Nous n'avions pas établi de système de vérification, ni de système de rappel, ni aucun contrôle d'aucune sorte. Chacun pensait que l'autre agirait ou pousserait les autres à agir. Le préposé à la sécurité consacrant tout son temps à la sécurité agirait sûrement, pensions-nous. Le représentant à la prévention serait très exigeant et verrait à nous pousser à agir, d'autant plus que notre décision était unanime. Les autres pensaient que moi, comme directeur de la production, je m'en chargerais, étant donné l'importance de mon poste dans la hiérarchie et le fait que j'avais le pouvoir de représenter l'employeur: or, j'avais bien d'autres préoccupations, dont la première était de maintenir la production et de répondre aux commandes. Je me disais qu'il n'y avait pas urgence, que je n'avais pas tellement de temps et que ce n'était pas toujours à moi de prendre les devants, que les autres devaient s'acquitter de leurs responsabilités, eux aussi, d'autant plus que les employés étaient en majorité et que l'autorité donnée à un tel comité, par la loi elle-même, était divisée à parts égales entre employeur et employés. Ainsi, je n'avais pris aucune initiative, puisque personne ne me poussait dans le dos et que, de toute façon, cela représentait des coûts additionnels pour la compagnie. C'est pourquoi je ressentais une telle culpabilité en voyant combien mon inconséquence pouvait avoir contribué à cet accident.

Encore une fois, j'ai été amené à utiliser la confrontation pour développer la discipline personnelle requise de tout gestionnaire afin de passer à l'action et d'être efficace. J'ai dû d'abord confronter mes idées à la réalité, quant à la culpabilité que je ressentais. Quel a été l'événement déclenchant ta culpabilité? C'est, bien sûr, l'accident de Méo et l'incapacité partielle permanente qui en résulte pour lui. Quelles idées te sont venues à l'esprit pour déclencher chez toi une telle culpabilité? Je me suis dit que c'était affreux et abominable de n'avoir pas acheté immédiatement la souffleuse à air chaud, que l'accident aurait sûrement été évité si le plancher n'avait pas été mouillé, que j'étais vraiment un incapable et un raté de n'avoir rien fait alors que j'étais le mieux placé pour agir, que je faisais toujours passer la production et le profit avant la sécurité des hommes, que j'étais donc devenu un sans-cœur et un robot à faire de l'argent pour la compagnie. Et qu'en est-il en réalité? Eh bien, la réalité c'est que l'accident se serait peut-être produit même si le plancher avait été sec! N'oublie pas que Méo semblait fatigué, ce matin-là, et que son esprit devait être ailleurs. C'est peut-être aussi le bruit de la courroie qui s'est défaite sur une machine voisine et le cri de l'autre ouvrier qui sont la cause de l'accident. De toute façon, à quoi bon te blâmer? Tu as peut-être commis l'erreur de ne pas agir à temps, mais le fait de t'en blâmer maintenant ne redonnera pas à Méo ses deux doigts. L'important est donc de prendre des mesures pour passer rapidement à l'action à l'avenir.

J'ai donc cessé de me culpabiliser pour observer mes manques quotidiens à la discipline personnelle requise d'un gestionnaire efficace. Car il y avait là un manque à passer à l'action, et un tel défaut se corrige par une bonne discipline personnelle. Chaque jour, je passais en revue, avec un crayon et un papier, toutes les décisions que j'avais prises et qui n'avaient été suivies d'aucune action. Pour chaque décision restée en plan, je me demandais: qu'est-ce qui t'empêche d'agir? Tu as peur que ton patron te dise que tes dépenses sont trop élevées et que tu ne respectes pas ton budget, tu te dis que c'est trop dur de travailler et de toujours respecter tes objectifs, que c'est trop dur de subdiviser tes grands objectifs en mini-objectifs, que toi aussi tu peux te permettre de te promener et de flâner d'un bureau à l'autre, comme plusieurs de tes confrères gestionnaires le font, que c'est bien plus agréable de ne pas trop agir, sinon on finit toujours par se faire taper sur les doigts...

Et qu'en est-il en réalité? La réalité, c'est que tu as entièrement le droit d'agir ou de ne pas agir, selon que tu le veuilles ou non. Il est préférable cependant de passer aux actes si tu veux garder ton emploi et être efficace, car de tes actes qui sont conformes aux objectifs de la compagnie dépendent l'évaluation de ton rendement, ta prochaine augmentation et peut-être même tes promotions futures. En d'autres mots, tu es libre de tes choix, mais tu dois en assumer les conséquences, et comme les conséquences de la passivité peuvent être grandement désagréables, tu as intérêt à passer à l'action et à réaliser ainsi, dans les faits, les objectifs de la compagnie. La réalité, c'est que si, pour agir, tu dois encourir des dépenses qui dépassent ton budget, tu pourras te forcer à agir en entreprenant une démarche personnelle auprès de tes supérieurs pour les informer de la situation, leur faire voir les conséquences fâcheuses qui peuvent résulter d'une trop grande parcimonie et leur faire les recommandations requises pour une modification ou un transfert de budget. Tu as peur d'aller les voir et tu ne veux pas entreprendre cette démarche? Eh bien, n'y va pas, mais acceptes-en les conséquences. Tu t'apercevras que les conséquences de ta passivité sont encore plus désagréables que celles de ton action dans le sens de tes objectifs. La réalité, c'est qu'il est vrai que c'est dur, que ça demande des efforts répétés et soutenus, de subdiviser tes objectifs en objectifs mensuels, hebdomadaires, quotidiens et même horaires, mais le résultat n'en vaut-il pas la peine? Et ne trouveras-tu pas une récompense à ton effort dans le prestige que tu en retireras?

La réalité, c'est que ce n'est pas toujours agréable de se forcer à agir en rapport avec des mini-objectifs qui nous semblent peu importants, mais il est peut-être dans ton intérêt d'agir quand même puisque c'est la réalisation de chacun de tes mini-objectifs qui t'amène à réaliser ton objectif principal. Donc, agir, agir et agir, non pas en posant des actes qui entraînent n'importe quel résultat, car ce serait alors agir pour agir, mais plutôt des actes vraiment efficaces, c'est-à-dire ceux qui vont dans le sens des objectifs de l'entreprise et des résultats attendus. La réalité, c'est encore que si tu passes tes journées à flâner, à te promener et à jaser comme plusieurs de tes confrères gestionnaires le font, tu gagneras peut-être certains avantages qui reviennent parfois à de tels intrigants, mais au prix de ta satisfaction personnelle et de ta propre efficacité. Peut-être obtiendras-tu ainsi des avantages à court terme, mais en perdant des avantages à long terme, tels la confiance et l'appréciation de ton entourage. La réalité, c'est aussi que ceux qui n'agissent pas parce qu'ils ont peur de se faire taper sur les doigts ne font jamais rien de leur vie et qu'ils en arrivent un jour à se faire taper sur les doigts, et même parfois à se faire mettre à la porte, précisément parce qu'ils n'ont pas agi. J'ai donc intérêt à agir, et c'est pourquoi je m'oblige ainsi à l'action, à chaque instant. Je sais où aller et j'y vais.

J'y vais en déléguant immédiatement tous les pouvoirs qui peuvent être délégués: j'ai en effet intérêt à mettre dans le coup, tout de suite, tous les employés qui peuvent être impliqués dans la réalisation de l'objectif. Devant un problème, je mets ainsi en marche ma "machine à penser", c'est-à-dire que non seulement mon esprit sera occupé à trouver une solution à ce problème, mais également l'esprit de tous ceux qui sont impliqués, et il y a ainsi de fortes chances que la solution soit meilleure. J'y vais en stimulant à chaque instant les gens que je dirige, en leur démontrant qu'il y va de leur intérêt personnel de travailler dans le sens des objectifs de l'entreprise. J'y vais par une attention constante aux conflits, signaux avertisseurs que quelque chose ne va pas. J'y vais en effectuant des vérifications occasionnelles, en contrôlant tout en évitant de surcontrôler et en ajustant au besoin mes stratégies et ma planification de la production. J'y vais en reconnaissant le travail et les résultats de chacun, en le félicitant pour lui reconnaître le prestige que lui ont valu les résultats qu'il a produits. Et j'y vais d'autant plus efficacement que j'agis sans gueuler ou critiquer inutilement, car le blâme et les réprimandes continuelles ne font habituellement guère avancer les choses. Je planifie une action efficace en m'assurant de bien définir qui est responsable de quoi: de n'avoir pas attribué de responsabilité précise à chacun dans notre programme de sécurité peut expliquer en bonne partie pourquoi notre programme n'avait pas été implanté au moment de l'accident de Méo. Il en est de même d'une date précise de réalisation, date à fixer dès le point de départ. Cela fait partie de l'action, et il est dans mon intérêt d'agir avec fermeté pour établir ce délai, l'ajuster parfois et le respecter à chaque instant.

Il est important d'agir malgré les peurs que nous ressentons, car la peur disparaît souvent dans l'action. Il fut en effet un temps où j'avais peur de sortir de mon bureau. Chaque fois que j'avais affaire à un employé, je le faisais venir dans mon bureau alors que, la plupart du temps, ç'aurait été plus efficace de me rendre auprès de lui: il est vrai qu'une remarque désagréable est mieux acceptée lorsqu'elle est faite en privé, mais les remarques ne sont pas toujours désagréables. Souvent, les gestionnaires ne se déplacent pas parce qu'ils ont peur de ce que leurs subordonnés vont dire et des remarques qu'on pourrait passer sur leur autorité et leur prestige. Ainsi en est-il de l'habitude fâcheuse de déterminer qui va se déplacer pour se rendre dans le bureau de l'autre en en faisant une question de rang et de dignité. Or, le seul critère valable concernant ces déplacements est encore l'objectif général de l'entreprise: est-ce plus efficace de passer à l'action dans mon bureau ou dans tout autre endroit pour l'accomplissement de l'objectif de l'entreprise?

Ainsi, l'action détermine l'accomplissement de nos objectifs. L'empereur Marc-Aurèle, adepte du stoïcisme, philosophie reprise et perfectionnée aujourd'hui dans la philosophie émotivo-rationnelle, était bien sûr un grand philosophe, mais également un homme d'action. Il prenait sa fonction d'empereur au sérieux, faisant la guerre avec ses troupes lorsque c'était requis, et cela même s'il préférait ne pas avoir à la faire, car c'était en fait un homme au caractère plutôt doux. Dans ses *Pensées pour moi-même*, il confronte ainsi ses propres inclinations à la passivité: "Si tu t'affliges parce que tu ne fais pas une action qui te paraît saine, pourquoi ne la fais-tu pas plutôt que de t'affliger?"

Rien ne sert de pleurer et de se lamenter devant les situations difficiles. La vie est ainsi faite qu'elle n'est pas toujours facile, et les autres ne sont pas intéressés à tes pleurs. En gestion, tu n'aboutiras jamais à rien en pleurant et en te lamentant, ou en proclamant que le système devrait être changé. Peux-tu suggérer quelque chose pour le changer? Eh bien, suggère-le! Tes supérieurs ne t'écouteront pas? Qui te dit qu'ils ne t'écouteront pas, l'as-tu essayé? Et s'ils ne t'écoutent pas, eh bien c'est leur droit, mais tu seras au moins satisfait d'avoir agi, et tu en seras quitte pour trouver une alternative plus efficace.

Ce qui nous empêche souvent d'agir, c'est la peur de ce que les autres vont penser de nous. À un moment donné, nous avons peur de ce que nos supérieurs vont penser de nous si nos réalisations ne correspondent pas à leurs attentes. À un autre moment, nous avons peur de ce que nos subordonnés vont penser quand ils s'apercevront que ce que nous accomplissons ne correspond pas à l'image qu'ils ont de nous. Dans les deux cas, nous risquons d'en arriver à une passivité quasi totale, d'où une inefficacité quasi totale, si nous nous soumettons à nos peurs. C'est pourquoi il est dans notre intérêt, comme gestionnaires, et si nous désirons le demeurer, de toujours penser "action", *même si cette action est nécessairement imparfaite*. Il est difficile de toujours agir et de se faire critiquer? D'accord, mais c'est la vie, et personne ne t'a promis le paradis lorsque tu es devenu gestionnaire. C'est la réalité de la vie de n'être pas toujours facile, et il n'y a rien qui dit que tu doives être un privilégié! Penser ainsi exige le sacrifice de plusieurs satisfactions immédiates? D'accord, mais c'est au profit d'un mieux-être et d'un bonheur à long terme, ainsi que d'une meilleure stabilité émotive. Tu crois qu'il est plus facile et plus profitable de fuir les difficultés plutôt que d'y faire face? D'accord, c'est plus facile sur le moment, mais tu t'enlises à la longue dans ton relâchement et, en refusant d'agir sur les événements, ce sont bientôt les événements et ton entourage qui agiront sur toi. Je t'en donne un petit exemple: regarde les parents qui accordent à leur enfant tout ce qu'il désire. Ils en viennent assez vite à ne plus pouvoir rien lui refuser: c'est l'enfant qui mène et les manipule. Il en ira de même si tu n'entreprends aucune action face à des comportements incorrects de tes subordonnés, lorsque ces comportements empêchent la réalisation des objectifs de l'entreprise: finalement, ce n'est plus toi qui diriges et ce n'est plus l'objectif général de l'entreprise qui est poursuivi. C'est une question de constance que d'agir dans le sens des objectifs de ton entreprise, car c'est de cette façon que ton entourage verra la logique de tes actions. Les gens ne te percevront pas comme une girouette qui change d'idée à chaque instant. Tu pourrais peut-être justifier ta passivité par tes bonnes intentions, mais ce n'est pas ainsi que tu réaliseras tes objectifs: l'enfer est pavé de bonnes intentions, et le ciel se gagne par ton action!

Tu as avantage à établir une liste des actions à faire chaque jour, en indiquant leur importance relative. Puis, sans plus attendre, tu les réalises dans l'ordre de leur importance alliée à leur urgence, en te rappelant que tu ne peux pas tout faire en même temps: un problème à la fois.

N'oublie jamais que ton action est inspiratrice d'action pour tes subordonnés et qu'ils constitueront forcément un multiplicateur extraordinaire. Car les employés regardent ce que fait leur patron et s'en inspirent: on constate ainsi que même les styles de gestion se transmettent comme par osmose dans l'entreprise. C'est une application du vieux principe qui dit que l'exemple entraîne. Ne tolère donc pas la paresse et la passivité chez tes subordonnés, mais aie soin de vérifier que leur action est bien orientée vers les objectifs de l'entreprise.

J'ai rencontré des gens tellement attirés par l'action qu'ils oubliaient même les objectifs qui auraient dû être à la base de cette action. C'est un excès d'action, ou un excès de discipline personnelle et d'efforts personnels. Autant il est important de savoir où l'on va et d'y aller, autant il est inutile de marcher sans savoir où l'on va. Le travailleur efficace est celui qui arrive au maximum de résultats avec un minimum d'efforts. C'est ainsi que l'on voit combien les objectifs de l'entreprise doivent être la source et le guide de notre action. Autrement, tu cours toujours et tu ne réalises rien, tu parles beaucoup mais toujours à côté du sujet, tu écris des textes interminables qui n'ont aucun rapport avec les sujets traités, tu t'épuises pour donner à tes clients un service qui n'est pas celui qu'ils recherchent et tu produis des rapports qui ne sont pas ceux désirés par tes patrons. Tel est le lot des partisans de l'action à tout prix, et l'on sait combien ces partisans sont fuis par leurs compagnons de travail.

Selon Peter Drucker (*The Practice of Management*, page 361), il existe toujours une alternative à considérer devant toute décision à prendre, et c'est celle de ne rien faire. Car décider de ne rien faire, dans certaines situations, est déjà quelque chose à faire. Mais là encore, entendons-nous bien. Il n'est aucunement question de passivité, car une telle décision de ne rien faire est intégrée dans un processus de planification générale. C'est une action de planification pour le futur, action que je pose en me forçant à réfléchir sur toutes les décisions possibles pour l'avenir, et l'alternative de ne rien faire fait partie de l'ensemble. Je regarde alors les avantages et les inconvénients de chaque possibilité d'action, et je prends ma décision en considérant les gains estimés par rapport aux risques et aux coûts encourus.

Habituellement, l'obtention des résultats désirés dans le délai fixé constitue un bon moyen d'évaluer l'action. Si tu y arrives, tu as toutes les chances d'être un gestionnaire efficace. Méfie-toi des gens qui se disent toujours surchargés et qui se prétendent accablés de travail. Tu auras avantage à consulter les statistiques de production pour vérifier leurs dires, qu'il s'agisse de travail de bureau ou de la production proprement dite. En général, les humains aiment travailler et ils prennent plaisir à l'action et à la création dès qu'ils ont fait les efforts requis pour s'y orienter, mais l'oisiveté engendre l'oisiveté, et moins quelqu'un travaille, plus il en vient à croire qu'il est incapable de travailler.

C'est en effet un postulat formulé par Douglas McGregor, dans son livre *La Dimension humaine de l'entreprise*: les humains réagissent à la confiance qu'on met en eux de façon à mériter cette confiance. C'est en somme l'essentiel de sa fameuse Théorie Y selon laquelle les humains aiment travailler. Ils trouvent leur réalisation personnelle et leur accomplissement dans leur travail quand on leur fait confiance et qu'on fait appel à leur collaboration, à leur intelligence, à leurs aptitudes et à leurs intérêts. McGregor oppose la Théorie Y à la Théorie X, selon laquelle on estime que les humains sont motivés par la carotte et le bâton et qu'ils ne travaillent bien que sous la contrainte d'une direction des plus autoritaires. Cependant, il semble presque, lorsqu'on lit *La Dimension humaine de l'entreprise*, que l'auteur attribue à sa fameuse Thérorie Y des vertus quasi magiques et qu'on n'a qu'à l'appliquer pour que s'ensuivent automatiquement le bonheur des employés et la productivité. Peter Drucker, qui a conçu cette approche, même si elle a été plus tard formulée et développée par McGregor, remarque avec justesse (dans *Management*, page 232) que la Théorie Y est celle qu'il préconise, mais qu'elle n'est en aucune façon "permissive", contrairement à l'impression qui est donnée par McGregor dans *La Dimension humaine de l'entreprise*, impression d'ailleurs corrigée plus tard dans *The Professional Manager* (McGraw-Hill, 1967). La Théorie Y ne peut donc remplacer l'action pour l'accomplissement des objectifs de l'entreprise. La Théorie Y est en effet bien attirante, mais elle ne peut être efficace que si l'on sait quelle est notre vraie vocation comme entreprise, quelle clientèle l'on vise et quelles sont nos forces et nos objectifs. Elle n'est efficace, en somme, que si l'on sait où l'on va, où l'on veut aller, et que l'on pose les gestes corrects pour la réalisation de ces objectifs. Encore une fois, on n'obtient rien gratuitement et par magie. On n'obtient rien sans quelque travail, mais encore faut-il que ce soit le bon travail et poser les bons gestes. Le contexte de la Théorie Y est alors le plus propice pour le succès d'une telle action, mais il fait partie de l'action pour la réalisation d'objectifs bien choisis.

On rencontre souvent une tendance, chez plusieurs gestionnaires, à insister particulièrement, dans leur action et dans la distribution de leur temps, sur les champs d'exécution qu'ils connaissent en profondeur, habituellement parce qu'ils ont travaillé eux-mêmes comme exécutants dans ces champs spécialisés. Or, nul n'est besoin d'étudier en profondeur la gestion pour apprendre que l'action d'un gestionnaire doit s'orienter, pour être efficace, tantôt vers un aspect tantôt vers un autre aspect de son travail, selon la nécessité du moment. Grâce à son intuition et à sa connaissance du milieu, le gestionnaire doit savoir déceler quel aspect il est important de privilégier à chaque instant pour une réalisation adéquate de ses objectifs. Ainsi, un directeur de personnel, qui occupait préalablement un poste de responsable de la formation dans l'entreprise, aura avantage à ne pas privilégier indûment la formation au détriment de l'embauche, fonction primordiale entre toutes puisqu'elle assure la survie et la relève dans l'entreprise par l'intégration de nouveaux membres du personnel qui sauront réaliser les objectifs de l'entreprise s'ils y sont bien préparés et s'ils possèdent les connaissances, les aptitudes et l'expérience requises pour les postes à combler.

Une autre tendance, beaucoup plus rare il est vrai, consiste à déléguer tout, sans discernement, supposément pour obtenir une action plus rapide. Il est évident que le gestionnaire n'est pas un exécutant et que sa place n'est pas dans le détail de la réalisation, puisque la fonction spécifique d'un gestionnaire est la coordination, mais il est quand même important pour un gestionnaire de participer à l'analyse et au diagnostic des problèmes et au développement des solutions possibles, puis de se réserver le choix de la solution et certains aspects du contrôle. De même en est-il de l'établissement des sous-objectifs reliés à l'objectif général de l'entreprise, de la planification, de la programmation, du financement, des politiques, des stratégies, de l'information, du développement de l'organisation et de la distribution du prestige parmi les travailleurs de ses équipes.

Je ne saurais terminer ce chapitre sur l'action sans dire un mot de l'approche selon laquelle on se donne des modèles d'action devant certains problèmes de gestion. On dit aux gestionnaires: adoptez ce modèle et agissez toujours dans ce sens, même si vous n'y croyez pas et que ce n'est pas dans vos habitudes. À force d'agir dans un certain sens, vous en viendrez à penser dans ce sens et vous développerez ainsi une seconde nature. Il y a bien sûr beaucoup de vrai dans cette idée. Je peux, à force de répéter tel ou tel comportement, en venir à adopter une attitude nouvelle et à développer l'idée que c'est la meilleure attitude. Les renforcements découlant des résultats obtenus m'encourageront dans ce sens. Mais une telle approche ne peut, selon moi, être aussi efficace que l'approche émotivo-rationnelle, car cette dernière envisage les problèmes sur deux plans à la fois, et ces deux plans se renforcent mutuellement. L'approche émotivo-rationnelle favorise en effet la confrontation immédiate d'une idée irréaliste: elle se situe alors au niveau de l'attitude. Mais elle requiert également le passage à l'action pour tout ce qui dépend de nous: elle se situe alors au niveau du comportement. Attitude et comportement se renforcent l'un et l'autre, et j'ai davantage de chances d'arriver ainsi aux résultats recherchés, et plus rapidement.

J'en conclus donc que, en gestion, il ne suffit pas de savoir où l'on va, encore faut-il y aller. Aux objectifs bien choisis, il faut ajouter l'action. Or, les grands empêchements à l'action se retrouvent dans un manque de discipline personnelle, dans nos anxiétés, dans la peur de ce que les autres vont penser ou dire de nous et dans la culpabilité que nous avons développée. Nous avons vu combien la technique de la confrontation peut nous aider: confrontation des idées irréalistes et passage immédiat à l'action se renforcent donc, en gestion, pour une plus grande efficacité dans la poursuite de nos objectifs.

Chapitre III

Je suis réaliste

La révolte de mes vendeurs éclata alors que je croyais progresser dans la maîtrise de la situation. C'était il y a cinq ans, et j'étais alors directeur des ventes, premier emploi que j'ai exercé chez mon employeur actuel, fabricant de portes et fenêtres. J'avais obtenu cet emploi à la suite d'une performance exceptionnelle comme simple vendeur chez un concurrent. Je n'avais pas hésité un seul instant à changer d'employeur et à accepter cette promotion, étant donné la qualité reconnue des produits de mon nouvel employeur, et cela malgré la piètre réputation de son équipe de vente, équipe que j'étais justement chargé de réorganiser.

Dès mon arrivée dans la compagnie, je réunis mes quinze vendeurs. Je leur dis que j'étais heureux d'avoir été nommé à ce poste, que j'avais été choisi à cause de ma performance exceptionnelle comme vendeur chez un concurrent, que je connaissais donc très bien la vente et ses exigences, que je ne serais jamais satisfait de mon service tant que chacun d'eux ne serait pas devenu un vendeur aussi efficace que moi et que les paresseux pouvaient aussi bien se chercher dès maintenant du travail ailleurs s'ils entendaient continuer à traîner. J'étais décidé et agressif, et je voulais leur en donner l'image.

Je crus avoir projeté l'image désirée, étant donné leur attitude attentive et silencieuse. Je leur indiquai que mon objectif était d'augmenter les ventes de 35% dès ma première année dans la compagnie, et que j'estimais cet objectif très réaliste vu la qualité de nos produits: une augmentation inférieure à 35% serait un indice du mauvais travail de nos vendeurs. La réunion fut plutôt silencieuse; je fus en fait le seul à parler. Mon objectif était clair, et j'étais décidé à passer à l'action immédiatement, de façon très ferme, en me débarrassant au besoin des poids morts: je congédierais et remplacerais tous mes vendeurs pour repartir à neuf avec une équipe nouvelle s'il le fallait.

L'occasion ne se fit pas attendre. Le vendeur le moins actif de toute l'équipe, loin d'augmenter ses ventes de 35% selon l'objectif déclaré, les a plutôt diminuées de 35%. Je le congédiai sans pitié. Un mois plus tard, j'en congédiai un deuxième qui, lui aussi, avait diminué ses ventes, même si la diminution n'était que de 5% dans son cas. Et je profitai de l'occasion pour avertir mes autres vendeurs qu'à l'avenir, je congédierais également ceux dont les ventes n'augmenteraient pas suffisamment: n'oubliez pas, leur dis-je, que notre objectif (c'était davantage mon objectif que le leur!) est d'augmenter les ventes de 35%. La réaction à ces deux premiers congédiements ne fut pas celle que j'espérais: trois vendeurs maintinrent leurs ventes au niveau déjà atteint, et les autres ne progressèrent dans l'ensemble que de 5%. Je me dis alors qu'il y avait quand même eu amélioration et qu'il fallait continuer dans cette direction: donc maintenir la ligne dure et congédier les trois vendeurs incapables d'augmenter leurs ventes. C'est ainsi que je les avisai de leur congédiement.

La riposte ne se fit pas attendre: ce fut la révolte ouverte. Tous les vendeurs se regroupèrent autour des trois derniers congédiés. Même un vendeur récemment embauché se joignit à eux. Ils se rendirent chez le président-directeur général et l'avisèrent de leur démission en bloc si ces trois vendeurs n'étaient pas réembauchés et moi-même congédié à leur place. Devant une menace aussi sérieuse, et devant le risque de l'effondrement total des ventes, le président-directeur général réintégra les trois vendeurs et me rétrograda au poste de contremaître à la production. C'est d'ailleurs de ce poste de contremaître à la production que j'ai été promu directeur de la production après un purgatoire assez long. Être rétrogradé, c'était la déchéance totale et l'humiliation suprême. J'ai mis deux ans à m'en remettre.

Aujourd'hui, je réalise combien mon perfectionnisme m'a nui, combien il eût été préférable d'accepter la réalité telle qu'elle était, même si elle n'était pas rose, et de partir de là pour travailler à l'améliorer sans tout briser. Maintenant que je connais la philosophie émotivo-rationnelle, je sais comment j'aurais pu confronter mes idées irréalistes dans cette affaire.

Je sais maintenant qu'il est avantageux pour un gestionnaire d'établir des objectifs réalistes s'il veut que ses subordonnés y adhèrent et passent à l'action. L'objectif de 35% d'augmentation des ventes pour ma première année dans l'entreprise était un objectif tout à fait perfectionniste puisqu'il faisait fi des contraintes et des ressources du milieu. Comment, en effet, réussir à changer des années d'habitude chez les vendeurs et les faire adhérer intérieurement à une augmentation aussi énorme en quelques semaines? De plus, on peut s'attendre à avoir, dans une équipe, des employés qui travaillent très bien et d'autres moins bien, le tout constituant une moyenne acceptable. Et même en supposant que j'aie la pire équipe de toutes les entreprises du genre, était-ce nécessairement une catastrophe? C'était sûrement une chose très désagréable, mais qui a dit que je ne dois vivre que des choses agréables? Je ne suis ni un dieu ni un ange; je suis simplement un être humain sujet à vivre, comme tous les êtres humains, des moments agréables et faciles, et d'autres moments désagréables et difficiles. Par contre, si je vois la réalité telle qu'elle est, même si elle n'est pas toujours belle, et si j'accepte que les employés que je dirige ne soient pas parfaits, pas plus que je ne le suis, je sais alors d'où je pars pour m'en aller où je vais. Et si je veux parcourir trente kilomètres à la course, plutôt que deux, j'ai avantage à adopter un rythme qui va me permettre de fournir un effort soutenu. De plus, dans l'entreprise, j'ai intérêt à adopter une vision à long terme, pour que toutes les actions que je pose s'additionnent et convergent vers l'objectif général plutôt que de s'annuler les unes les autres.

Ainsi, devant l'opinion unanime des gens à l'effet que je prenais la direction d'un service des ventes en piteux état, et devant l'idée que j'avais acceptée en moi-même que c'était affreux, inacceptable et intolérable, il aurait été préférable que je m'astreigne à l'analyse de toutes les données disponibles, qualité et quantité des contraintes, qualité et quantité des ressources disponibles, avant d'accepter comme réaliste un tel jugement. Car si j'accepte comme réaliste un tel jugement et que je trouve une telle situation abominable et intolérable, je serai porté à blâmer et à critiquer continuellement ceux que je juge responsables, les incitant ainsi indirectement à diminuer la production. De plus, si j'agis de façon perfectionniste et si je donne des objectifs perfectionnistes aux employés que je dirige, ils seront portés à dire: "Je ne serai jamais capable d'atteindre un tel objectif, c'est impossible! C'est trop difficile! Mon patron est trop exigeant! Quoi que je fasse, il ne sera jamais content!" Et ils auront alors tendance à s'écraser et à ne rien faire. Si, au contraire, je m'efforce de regarder et de souligner les aspects positifs et les forces de mon équipe de travail, je tends à les renforcer et à inciter mes coéquipiers à améliorer leur rendement. Car, dans toute équipe de travail, on peut toujours trouver des qualités à souligner. Les souligner, de façon vraie et sincère, constitue alors la rampe de lancement du progrès futur: les individus s'aperçoivent alors qu'on reconnaît leur contribution, si minime soit-elle, aux résultats obtenus par l'entreprise, et ils désirent obtenir une telle considération pour d'autres aspects qu'ils entreprennent de développer. En adoptant une telle attitude, peut-être aurais-je été obligé de congédier quand même un ou deux vendeurs incapables d'atteindre des objectifs valables, mais j'aurais été réaliste dans mes objectifs et il est fort improbable que j'aurais eu à faire face à une révolte de mes vendeurs et à une rétrogradation douloureuse.

De plus, j'ai attaqué le problème de façon trop entière, et même de façon arrogante, en faisant état de mes performances passées et en me targuant de si bien connaître la profession. Si j'avais été réaliste, j'aurais pensé qu'une telle attitude allait susciter de l'antagonisme et que cet antagonisme pouvait me nuire considérablement. Il aurait été préférable d'attendre un peu pour fixer des objectifs, de telle sorte que ces objectifs soient raisonnables et qu'ils soient établis suite à une meilleure évaluation des ressources et des contraintes du milieu. De là, j'aurais pu progresser suivant une démarche ferme vers la réalisation de ces objectifs, en attaquant les problèmes un à un, sans décourager mes vendeurs.

Le problème venait donc, à l'origine, du fait que je voulais prouver à moi-même et aux autres que j'étais bon. Pour ce faire, je visais la perfection: c'est ainsi qu'on se veut un dieu et parfait alors qu'on est humain et imparfait. Or, quand on se veut perfectionniste à tout prix, on déclenche immanquablement le mécanisme de l'instabilité émotive en soi-même et chez les autres, s'ils se laissent influencer. Mieux vaut me dire que je suis un être humain, que je vais faire tous les efforts que je peux raisonnablement faire pour la réalisation de mes objectifs, eux-mêmes établis de façon réaliste, que le résultat ne sera jamais parfait et que c'est normal, mais qu'il est quand même important que j'y mette tous mes efforts, car c'est ainsi que j'ai de meilleures chances de succès. On n'est pas alors paralysé devant des objectifs grandioses et impossibles à atteindre, on est conscient des efforts requis pour atteindre des objectifs réalistes, et c'est ainsi qu'on réussit parfois même à les dépasser.

Si tu n'atteins pas tes objectifs après de grands efforts, tu te diras que ce n'est pas une catastrophe, que ce n'est pas abominable, que c'est tout simplement humain d'échouer à l'occasion et que ce sera une leçon pour l'avenir. Tu recherches alors une alternative à ton action et tu recommences à travailler dans le sens de tes nouveaux objectifs. Plusieurs gestionnaires négligent de profiter de leurs erreurs, et un grand nombre se refusent même à avouer des erreurs devant leurs subordonnés, sous prétexte qu'ils vont ternir leur image et être diminués à tout jamais. Or, avouer une erreur est le signe d'une bonne stabilité émotive et d'une grande force de caractère: un tel aveu, fait en toute simplicité, contribue à renforcer plutôt qu'à diminuer la considération de nos semblables. L'important, pour un gestionnaire, n'est pas de ne jamais faire d'erreurs, car il serait alors condamné à l'inaction en ne voulant rien risquer, mais plutôt d'essayer de les réduire au minimum en bénéficiant de ses erreurs passées. Si un gestionnaire fait trop souvent des erreurs, il peut être avantageux pour lui de réévaluer sa situation professionnelle et de chercher un autre emploi, sans se rendre malheureux pour cela.

Pourquoi, en effet, travailler pour une "image"? Si je travaille à me façonner une image, c'est que je n'aime pas ma réalité et que je n'essaie pas d'orienter mes efforts vers quelque chose que j'aime. N'est-ce pas plus plaisant de travailler de toutes mes forces pour quelque chose que j'aime, plutôt que de me forcer intérieurement pour maintenir une image et aller à contre-courant de ma personnalité sous prétexte que je dois être parfait? Suis-je un dieu pour avoir de telles prétentions?

Si je ne travaille pas présentement dans un domaine que j'aime, je puis toujours m'efforcer d'aimer mon travail en me disant que tout travail est important, dans une entreprise, vu que ce travail constitue une contribution à la fabrication d'un produit destiné à la société. Mon travail, même s'il n'est pas toujours plaisant, mérite donc tous mes efforts. Il est toutefois irréaliste de croire que je pourrai toujours réusssir à l'accomplir de façon parfaite: en fait ce n'est jamais possible. Ça vaut donc la peine que j'apporte du soin à mon travail et que je m'efforce de bien l'accomplir. Même si personne ne le remarquait, je serais au moins satisfait d'avoir apporté quelque chose de plus à la société chaque jour. Donne de l'attention à ton travail sans rien attendre en retour, et tu verras que peu à peu tu en retireras des dividendes. On te fera apprendre de nouvelles techniques, on te confiera de plus grandes responsabilités. Tu deviendras plus compétent, plus polyvalent, parce que tu n'as pas compté tes efforts. Tu n'auras pas nécessairement de promotion chez ton employeur actuel, mais ta compétence et ton assurance ayant augmenté, tu seras peut-être davantage en mesure de te trouver un travail plus intéressant, d'autant plus que ta réputation de travailleur honnête te suivra partout.

Il y a, selon ma constatation, deux types de personnes qui "réussissent" leur vie professionnelle. Il y a celui qui la réussit dans l'accomplissement de sa vie personnelle, et c'est celui qui aime son travail et qui pour cette raison y met tous ses efforts. Et il y a celui qui "réussit" sa vie professionnelle au détriment de son accomplissement personnel, et c'est le cas de celui qui investit tous ses efforts dans son travail pour se prouver et prouver aux autres qu'il est bon. Dans les deux cas, la réussite est due aux efforts fournis. La différence entre les deux est que le premier est heureux et le deuxième malheureux. N'est-il pas plus agréable de faire son travail, peu importe qu'il ne soit pas toujours intéressant, sans toujours essayer de se prouver qu'on est bon, avec une conscience réaliste qu'on doit travailler pour vivre et qu'il vaut la peine d'y mettre ses efforts pour une meilleure réussite? Car le bonheur résulte des idées réalistes qu'on se fait de la vie. Or, si quelqu'un veut toujours se prouver ou prouver aux autres qu'il est bon, il se dira qu'il doit être parfait et égal à un dieu, qu'il ne peut se permettre de faire une erreur et qu'on le condamnera irrévocablement si l'on constate qu'il n'est pas parfait. Avec de telles idées en tête, comment un humain peut-il être heureux, alors que la réalité lui démontre à chaque instant que de telles idées ne peuvent tenir devant les faits?

Plusieurs gestionnaires perdent également un temps considérable à essayer de prouver qu'ils sont meilleurs que les autres. C'est toujours un mode de perfectionnisme, mais qui comporte cette fois un point de comparaison: le rendement de tel ou tel autre gestionnaire. Cela revient à dire que je serai bon face à moi-même et devant les autres si je réussis à surpasser un autre gestionnaire, et que je ne serai pas content aussi longtemps que je ne l'aurai pas surpassé. Encore là, il vaut mieux faire ses choix personnels en fonction de soi-même et y mettre tous ses efforts, sans se préoccuper de comparaisons constantes avec le voisin.

Les gens vont dire que tu n'as pas d'ambition et que tu n'acceptes pas la concurrence? Peu importe ce qu'ils diront: cela fait partie d'une réalité pas toujours belle. Et cela ne t'empêche pas d'avoir de l'ambition pour ce que tu aimes et de te battre pour l'obtenir. La réalité des entreprises n'est pas toujours belle et rien ne nous dit qu'elle doit l'être. Dans l'entreprise existent des rivalités, des injustices, des menaces, des abus, de l'espionnage, des gens qui se prennent pour Dieu le Père, des menteurs, des voleurs. Eh bien oui! Il arrive que ce soit la réalité d'une entreprise, comme c'est la réalité des êtres humains en général. Personne n'a dit que tu avais droit à un traitement de faveur dans la société et que tu ne devais jamais rencontrer de gens qui veulent te nuire. Il n'y a pas de raison que cela t'empêche de travailler et de poursuivre tes objectifs, car ceux qui fournissent les plus grands efforts ont plus de chances de réussir. C'est aussi une réalité.

Être réaliste ne veut pas dire tomber dans le pessimisme. Vous avez connu comme moi des gestionnaires qui sont jugés par leur entourage d'après l'humeur qu'ils démontrent à leur arrivée au travail, le matin. On dirait chaque jour que le ciel leur est tombé sur la tête, que tout va mal et qu'ils tentent de se venger sur leur entourage, au travail, des durs coups qu'ils peuvent avoir reçus ailleurs. Chacun se demande souvent d'ailleurs où ils peuvent bien avoir reçu des coups durs et comment ils peuvent être si malheureux et d'aussi mauvaise humeur. Leurs subordonnés n'osent pas entrer dans leur bureau sans demander d'abord à leur secrétaire s'ils sont abordables et si c'est le temps de parler d'un nouveau problème. De tels gestionnaires agissent comme si c'était injuste qu'ils aient à faire face à des problèmes alors qu'ils sont précisément là pour les régler et que leur emploi n'existerait même pas s'il n'y avait aucun problème.

D'autres se disent qu'il faut être optimiste. Cette attitude est beaucoup plus agréable que le pessimisme, mais elle peut nous mener à de dures désillusions. Car l'optimiste se ferme parfois les yeux sur des réalités qui peuvent être désagréables et parfois même dangereuses, et cela peut le conduire à l'imprudence, voire même à la témérité. L'optimiste étant porté à voir la vie en rose, il met de côté, de façon quasi délibérée ou quasi consciente, tous les aspects désagréables de la réalité, ce qui l'amène à sous-estimer les efforts requis pour surmonter les obstacles, car il a également sous-estimé l'importance de ces obstacles. De la sorte, il risque d'être perturbé lorsque les obstacles se présenteront, et peut-être même qu'il se découragera devant les efforts à fournir. Aussi bien, donc, voir la réalité telle qu'elle est, se faire une juste idée des efforts à fournir pour réaliser ses objectifs, bien définir ces objectifs, et même les subdiviser en mini-objectifs, et s'engager dans l'action, à chaque instant, en vue de leur accomplissement.

Peter Drucker pousse le réalisme, en administration, jusqu'à recommander de susciter la controverse lorsqu'elle n'existe pas (*Management*, page 472). Il est important de voir qu'une telle controverse est à l'avantage de l'entreprise qui l'organise de façon constructive, car elle lui permet de voir plusieurs facettes d'une même réalité. C'est ainsi que l'entreprise peut se prémunir contre les décisions qui risqueraient de lui être préjudiciables, car on est souvent porté à ne voir que le beau côté des choses, en ce qui concerne les possibilités de développements futurs, l'introduction de nouveaux produits, etc. Il est donc important, pour éviter des désillusions douloureuses, de procéder à des remises en question systématiques de tout nouveau projet avant de prendre une décision irréversible. Il restera toujours une grande marge de risque, comme c'est normal dans une entreprise, mais la survie de l'entreprise elle-même sera quand même mieux assurée.

Le réalisme, en gestion, comprend aussi le fait que tu ne peux tout faire en même temps. Tu as avantage à te fixer des priorités dans tes objectifs, puis à respecter ces priorités dans ton action, car un plan est valable pour autant qu'il est réalisé. Le réalisme, en gestion, consiste encore à m'accepter comme imparfait et, partant de là, à remettre en question ma contribution personnelle à mon entreprise. C'est pourquoi j'ai vraiment intérêt à me poser cette question fondamentale: est-ce que ma façon actuelle de travailler est la meilleure ou peut-elle être améliorée? Que puis-je faire de plus pour contribuer à la progression de mon entreprise?

Le réalisme, en gestion, c'est aussi de ne pas m'attendre à de la reconnaissance et à des remerciements sans fin pour chaque geste que je pose. C'est en plus de ne pas compter sur des promotions à la chaîne en retour d'un travail bien fait. Car il est normal, dans une entreprise, que tout travail soit bien fait: c'est pour ça que je suis payé. Par ailleurs, même si la majorité des employés font bien leur travail, il est évident que, le nombre de promotions étant limité et la pyramide hiérarchique se rétrécissant de plus en plus à mesure qu'on avance vers le haut, tous ne pourront obtenir une promotion. Aussi bien, en conséquence, chercher ma propre satisfaction dans le travail lui-même, dans le fait de bien l'accomplir. Et tant mieux si j'en retire d'autres gratifications en retour.

J'en conclus donc que, le réalisme étant des plus importants en gestion, nous avons toujours avantage, comme gestionnaires, à accepter la réalité telle qu'elle est et à la prendre comme point de départ pour travailler à l'améliorer. Le perfectionnisme est toujours nuisible. Vouloir être meilleur que les autres peut également nous faire grand tort. Pour combattre le perfectionnisme et les comparaisons idiotes, rien de mieux que la confrontation des idées irréalistes. Mais attention! Ce n'est pas pour nous complaire dans la passivité. Nous avons toujours intérêt à maintenir une action soutenue vers la réalisation de nos mini-objectifs et de nos objectifs généraux.

Chapitre IV

Je suis égoïste

Mon épouse, Louise, est arrivée à la maison tout en larmes ce soir-là. Je ne vous avais pas dit qu'elle travaille comme chef de la divison des taxes d'une municipalité d'importance moyenne. Elle y dirige vingt employés. Elle n'occupe ce poste que depuis six mois, et elle a tout fait, depuis sa promotion, pour plaire à ses supérieurs, à ses subordonnés, au syndicat et à ses collègues gestionnaires. Son patron lui avait dit, au moment de sa promotion, qu'elle aurait quelque difficulté à se faire accepter par une collègue qui avait aussi offert ses services pour ce poste. Louise lui a alors promis qu'elle serait très vigilante face à cette personne qui travaillait à la division des taxes depuis une dizaine d'années, mais elle ne savait pas combien cette dame était jalouse, envieuse et rancunière: elle maugréait absolument contre tout, n'acceptait aucun changement sans souligner que le travail se faisait mieux, depuis toujours, d'une autre manière, essayait de s'allier les employés de la division et le syndicat dans son opposition à Louise, prétendait que Louise n'avait pas la poigne nécessaire pour diriger une telle division et que c'était elle qui aurait dû obtenir ce poste... Louise se croyait de plus en plus détestée, dans sa division, à cause d'elle. Elle regrettait d'avoir obtenu cette promotion et songeait à demander une rétrogradation pour fuir cet enfer. Elle prenait régulièrement des pilules pour dormir le soir. Par ailleurs, elle ne voulait pas démissionner de son poste de peur de donner raison à sa rivale et de perdre la face.

Ce jour-là, la dame en question était venue dire à Louise qu'elle avait rencontré par hasard le gérant municipal et que ce dernier lui avait confirmé qu'elle représenterait la municipalité à un comité intermunicipal d'étude sur de nouvelles méthodes de perception des taxes. C'était la goutte d'eau qui fait déborder le vase. Louise ne pouvait accepter une telle intrusion du gérant municipal dans sa division, et surtout le fait qu'il attribue une responsabilité du genre à cette dame, sans même en parler à son chef de division. Et l'air triomphant de la dame, lorsqu'elle avait annoncé cette nouvelle à Louise, n'avait rien fait pour améliorer la situation. Louise en pleurait lorsqu'elle arriva à la maison.

Louise me racontait tout ça et cherchait à obtenir ma sympathie. Je lui répliquai tout simplement: "Pourquoi ne cesses-tu pas enfin d'essayer de faire plaisir à tout le monde et ne t'occupes-tu pas un peu de ton intérêt personnel?" Louise savait ce que je voulais dire, car nous avions souvent parlé de la théorie de "l'égoïsme altruiste" du docteur Hans Selye, en rapprochant cette théorie de la philosophie émotivo-rationnelle, philosophie de l'intérêt personnel.

Assez curieusement, on nous a enseigné depuis toujours le précepte biblique d'aimer son prochain comme soi-même, en insistant surtout sur le fait qu'il fallait aimer son prochain. Les interprétations qu'on a souvent faites de ce principe équivalaient à toutes fins pratiques à se détester et à s'écraser soi-même pour aimer les autres. Ainsi, on condamnait l'égoïsme alors que l'égoïsme n'est que l'intérêt personnel servant à maintenir l'intégrité de notre personne. Il est préférable de s'efforcer de comprendre où se situe vraiment notre intérêt personnel, puis le poursuivre sans fausse honte.

Où était donc l'intérêt personnel de Louise, comme gestionnaire municipal? Sûrement pas dans sa quasi-servilité devant ses supérieurs, ses subordonnés, le syndicat et ses collègues gestionnaires. Avait-elle intérêt à chercher à se faire accepter? Oui et non. Oui, dans le sens qu'on travaille mieux si l'on est accepté de son entourage; non, si l'on veut dire par là qu'il faut absolument chercher à se faire accepter et que ça devient une catastrophe si on ne l'est pas. Son intérêt était beaucoup plus de s'accepter elle-même telle qu'elle était, d'accepter comme désagréables, mais comme faisant partie de la réalité, les tracasseries de sa rivale, de vérifier en quoi ces tracasseries nuisaient au bon fonctionnement de la division pour enfin prendre des mesures fermes et énergiques pour que ces tracasseries cessent et que la contribution de tous les employés de sa division soit orientée vers les résultats recherchés.

Le fait de vouloir respecter exagérément sa rivale avait conduit Louise à s'effacer devant elle: elle ne devait pas alors se surprendre qu'on veuille lui marcher sur le dos. Louise avait elle-même contribué au fait qu'on ne la respecte pas puisqu'elle ne se respectait pas elle-même. Étant prête à se plier aux caprices de chacun pour se faire aimer, elle invitait ainsi chacun à la soumettre à ses caprices.

Amenée à se confronter, Louise s'est dit qu'elle n'avait pas besoin de l'amour des autres, à son travail, pour être heureuse, et qu'elle n'avait même pas besoin de se maintenir dans sa promotion, si ce poste ne lui plaisait pas, que ce ne serait pas une déchéance de quitter son poste de gestionnaire pour retourner dans un emploi subalterne si tel se révélait être son désir, qu'elle pouvait très bien mettre fin aux tracasseries de sa rivale de façon non agressive en la plaçant tout simplement devant les objectifs de sa division et qu'elle n'hésiterait pas à prendre des mesures disciplinaires si c'était nécessaire. De plus, elle se dit que c'était également dans son intérêt personnel d'aller parler au gérant muninipal, que personne ne ferait cette démarche à sa place si elle n'agissait pas et qu'elle devait avoir une bonne conversation avec lui pour clarifier les lignes d'autorité et de responsabilité. Elle s'est également dit que c'était son intérêt personnel de se maintenir dans son emploi et de s'y faire respecter, qu'elle n'avait rien à gagner à fuir les problèmes mais que d'y faire face comme à une réalité difficile pouvait l'aider à s'accepter elle-même telle qu'elle était. Enfin, elle résolut que, à la limite, elle ne sacrifierait pas sa stabilité émotive pour quelques dollars et que son propre bonheur passait bien avant ce poste qu'elle voulait pourtant s'efforcer de conserver.

En changeant ses idées et en travaillant à son intérêt personnel pour une meilleure stabilité émotive, Louise s'aperçut qu'elle devenait plus ferme et que sa rivale avait eu raison de l'accuser de manquer de poigne; elle s'aperçut également qu'elle était plus appréciée de son entourage depuis qu'elle s'aimait davantage elle-même en cherchant moins à se faire aimer. Par-dessus tout, elle fut surprise de réaliser combien il était faux de prétendre attribuer à sa rivale la cause de son désordre émotif et que ce désordre émotif était en fait dû à elle-même et à personne d'autre. Se connaissant mieux elle-même, dans un égoïsme bien compris, elle poursuivait maintenant son intérêt personnel sans se culpabiliser et elle en était beaucoup plus heureuse.

Si je comprends bien mon intérêt personnel, comme gestionnaire d'une organisation, je poursuivrai les objectifs de cette organisation pour qu'elle vive et s'épanouisse, contribuant par là même à mon bien-être personnel. De même, il est dans mon intérêt de me demander quelles qualités il est souhaitable de développer pour devenir ou demeurer gestionnaire, en me confrontant au besoin dans mon cheminement. Je verrai ainsi l'utilité d'être ferme, de me concentrer sur mes objectifs, de développer une bonne discipline personnelle, de me débarrasser de mes anxiétés et de ma culpabilité, d'accepter la réalité telle qu'elle est et de travailler à l'améliorer. Il est également dans mon intérêt personnel d'aider les autres à réaliser leurs objectifs, pour une meilleure contribution globale à l'entreprise, de communiquer efficacement et de respecter les autres. Car tôt ou tard mon intérêt personnel risque d'être affecté par le manque de respect que j'ai pu avoir pour d'autres: n'en viendra-t-on pas un jour à me manquer de respect à moi aussi?

La personne qui est donc la plus importante pour moi dans la vie, c'est moi-même. Faire attention à cette personne ne veut pas dire l'envelopper dans la ouate et lui éviter tous les problèmes, mais plutôt regarder les problèmes dans leur vraie perspective, se confronter avec la réalité pour réaliser une bonne adéquation entre ses idées et la réalité, se donner des objectifs et faire les efforts requis pour qu'ils s'accomplissent, car le bonheur ne se trouve pas dans la passivité.

Ma philosophie d'intérêt personnel m'amènera, en gestion, à devenir l'assistant de mes subordonnés, pour les aider à réaliser leurs objectifs: de la sorte, je réalise en même temps les miens. Par intérêt personnel, je saurai créer un climat de travail stimulant, car ce climat permet une bonne communication et la poursuite de mes objectifs en est facilitée d'autant. J'ai intérêt à reconnaître explicitement la participation de chacun aux résultats si je veux que mon équipe soit motivée à m'aider. J'ai intérêt à faire confiance à mes subordonnés puisqu'ils réagissent habituellement à la confiance de façon à vouloir mériter cette confiance. J'ai intérêt à communiquer de façon directe avec mes subordonnés, plutôt qu'à travers un réseau d'espions, car j'ai alors de meilleures chances d'obtenir des informations correctes, si le climat est bon. J'ai intérêt à les écouter pour m'assurer une meilleure contribution de leur part à l'entreprise. J'ai intérêt à être sincère et objectif si je veux qu'ils soient sincères et objectifs avec moi. J'ai intérêt à bien leur expliquer mes contraintes si je veux qu'ils se situent dans l'ensemble et sachent où aller. J'ai intérêt à traiter tout le monde sur le même pied si je tiens à obtenir la contribution de chacun.

Encore une fois, la vraie question qui se pose à chacun, et que je posais déjà dans le premier chapitre de ce livre, est la suivante: "Que veux-tu vraiment faire de ta vie?" Si tu crois que d'être gestionnaire demeure un choix valable pour toi, tu auras avantage à poursuivre systématiquement les objectifs de ton organisation et à les faire tiens en y mettant beaucoup d'efforts.

Cette décision que tu prends de poursuivre systématiquement les objectifs de ton organisation correspond toutefois à un désir légitime relié à ton choix d'être gestionnaire, et si tu ne veux pas nuire à ta stabilité émotive, il est avantageux que tu n'en fasses pas une exigence perfectionniste. Désir ne veut pas dire exigence, mais efforts pour obtenir ce que tu veux. Personne ne te fera de cadeau, et d'ailleurs pourquoi les autres devraient-ils te faire des cadeaux?

En ce sens, encore là, mon avantage se trouve dans le réalisme. Si je veux changer certains de mes comportements que je crois avantageux pour moi de modifier, la réalité implique que l'on ne change habituellement pas de façon rapide et draconienne. Mon avantage se trouvera donc dans l'établissement d'un programme progressif de développement personnel. Il ne s'agit en aucune façon de mettre la charrue devant les boeufs. Je contribuerai donc à mon meilleur épanouissement personnel en confrontant mes idées avec la réalité, par écrit pour plus d'efficacité, une quinzaine de minutes par jour, en ayant soin de me donner chaque jour des mini-objectifs orientés vers l'action et en me forçant littéralement à l'action. Par exemple, si j'ai peur d'aller rencontrer des gens des autres services, à mon travail, je me forcerai à quelques démarches dans ce sens chaque jour. M'apercevant alors qu'une telle démarche est réalisable, et pas si difficile après tout, cela me donnera confiance pour entreprendre des actions plus difficiles dont je serai fier, qui augmenteront ma confiance en moi et seront une plate-forme de lancement pour des actions de plus grande envergure.

Car mon intérêt personnel, c'est la liberté. Ma liberté. Mais liberté ne veut pas dire paresse, laisser-aller et désoeuvrement: "Elle est liberté d'une croissance d'arbre dans le champ de force de sa graine. Elle est climat de l'ascension de l'Homme. Elle est semblable à un vent favorable. Par la grâce du vent seul, les voiliers sont libres, en mer" disait Antoine de Saint-Exupéry dans *Pilote de guerre*. Ma liberté est une liberté de choix. J'ai tous les droits au point de départ, mais, dès que j'ai choisi un objectif, je m'y oriente de toute la force de mon intérêt personnel pour l'accomplissement de ma personne. Plus j'y mettrai d'efforts personnels, plus mes chances de succès seront grandes. Et je dois assumer les conséquences, bonnes ou mauvaises, de mes actes.

Si mon intérêt personnel, comme gestionnaire, est d'orienter mon action vers la réalisation des objectifs de l'entreprise pour laquelle je travaille, cela ne veut pas du tout dire que je dois agir de façon servile à l'égard de mes supérieurs et pencher toujours du côté du plus fort. Au contraire, car alors je devrais changer d'opinion constamment, chaque fois que le pouvoir se déplace dans l'entreprise. Mon intérêt me commande plutôt de penser par moi-même, de me faire une opinion personnelle sur les choses, puis de défendre honnêtement cette opinion malgré les avis contraires et les obstacles qui m'entourent. Et si quelqu'un m'amène des éléments qui peuvent améliorer mon opinion, ou si quelqu'un me fait voir qu'une opinion différente est meilleure, je reste ouvert à ces améliorations et à ces changements, sans toutefois tomber dans la servilité. Mon critère d'appréciation demeure toujours l'accomplissement des objectifs de l'entreprise. D'ailleurs, la meilleure façon d'aider mon entreprise, c'est d'abord de m'épanouir personnellement.

Un truc pour mieux m'épanouir, dans l'entreprise, est d'insister constamment sur mes forces, en neutralisant mes faiblesses. C'est dans la ligne de l'enseignement de Peter Drucker: toujours bâtir sur nos forces. Je dois constamment m'interroger pour savoir si j'occupe bien l'emploi qui peut le mieux utiliser mes forces. Et si tel n'est pas le cas, mon intérêt est de rechercher cet emploi. J'ai intérêt à courir des risques et à me battre dans la recherche d'un tel emploi et à agir malgré mes peurs et mes erreurs. Pour poursuivre ma carrière, je perdrais mon temps si j'attendais de gagner à la loterie l'emploi que je désire: mieux vaut profiter de toutes les petites occasions qui me sont données quotidiennement pour mettre à profit mes connaissances et mes aptitudes. Combien d'employés refusent en effet d'accomplir la moindre tâche ne faisant pas partie de leur emploi, alors que le fait de l'accomplir leur donnerait une meilleure perception de l'ensemble et accroîtrait leur bagage personnel pour des promotions futures?

Ne sautant pas sur chacune des occasions qui se présentent quotidiennement dans leur travail, ces employés se plaignent ensuite qu'on ne reconnaisse pas leur compétence et leur potentiel. Ils disent que l'entreprise est mal gérée, que c'est injuste et que les autres sont responsables de cette situation pénible. Certains gestionnaires sont de cette trempe et trouvent partout des coupables pour leurs propres déficiences et leurs piètres résultats. C'est toujours la faute des autres si tout va mal. Ils n'ont même pas pensé qu'ils auraient d'abord avantage à se regarder eux-mêmes et à trouver en eux-mêmes leur propre stabilité émotive. Car si je manque de stabilité émotive, si je suis en colère ou en état de dépression, ce n'est jamais la faute des autres: c'est toujours dû à mes idées irréalistes.

De même en est-il des gens qui parlent toujours des autres dans leur dos et qui se plaignent constamment. Ça n'avance à rien de se plaindre des autres en leur absence. Mon intérêt est bien mieux servi si je vide la question directement avec les personnes concernées. De toute façon, ceux à qui vous vous plaignez des autres se diront que vous parlerez également d'eux en leur absence. Quelqu'un rapportera probablement vos propos à la personne que vous aurez dénigrée.

Cette dernière vous en gardera peut-être rancune et cherchera alors à se venger.

Mais, me direz-vous, vous ne voyez que de l'intérêt personnel partout où les autres voient des devoirs? C'est que je préfère parler d'intérêt personnel plutôt que de devoir. Car les gens n'accomplissent profondément ce qu'ils appellent leur "devoir" que lorsqu'ils y trouvent leur intérêt personnel. Et l'intérêt personnel est un facteur de stimulation autrement plus grand que le devoir. C'est un état d'esprit, une attitude, une philosophie. C'est ce que préconise la philosophie émotivo-rationnelle, adaptation moderne du stoïcisme qui prônait l'action pour tout ce qui dépend de nous, et l'acceptation pour tout ce qui ne dépend pas de nous. C'est avec une telle philosophie que le grand philosophe Épictète, un esclave, a su si bien impressionner son maître par son extraordinaire état d'esprit que ce dernier lui rendit sa liberté et l'affranchit.

Il est curieux que les gens soient portés à condamner certains individus parce qu'ils poursuivent leur intérêt personnel. En fait, c'est tout le contraire de la justice institutionnelle puisque notre système judiciaire requiert que quelqu'un ait un intérêt pour pouvoir entreprendre des procédures dans une cause donnée.

Quant à moi, j'en suis venu à ne pas juger ainsi ceux qui, selon l'expression courante, "ne pensent qu'à leur intérêt personnel". Je dis plutôt: "Ils comprennent mal leur intérêt personnel et se nuisent à eux-mêmes." Celui qui ne respecte pas son voisin comprend mal son intérêt personnel, car un jour ou l'autre son voisin sera porté à ne pas le respecter à son tour. Le marchand qui fixe des prix trop élevés et veut devenir riche trop vite comprend mal son intérêt personnel, car il développe lui-même une concurrence qui l'obligera peut-être à sortir du marché, ou bien encore il se met à dos une population qui l'abandonnera à la première occasion. L'employé qui se vante de ne pas travailler fort et qui vole des articles appartenant à son employeur comprend mal son intérêt personnel, car il perd une bonne chance de développer ses connaissances et sa compétence, et il perdra un jour ou l'autre sa réputation d'intégrité, joyau des plus précieux dans une entreprise. Celui qui s'imagine que le bonheur se trouve dans la passivité comprend mal son intérêt personnel, car il a bien des chances de se faire des idées irréalistes et de tomber dans la dépression. Celui qui croit trouver le bonheur dans les drogues et l'alcool comprend mal son intérêt personnel, car le réveil est toujours dur, et l'esprit autant que le corps prennent du temps pour redevenir alertes. Il semble donc que le bonheur se trouve dans un juste milieu, presque en tout, en même temps que dans une bonne dose de réalisme et dans l'action. La difficulté est de repenser continuellement son intérêt personnel pour s'assurer qu'il est bien orienté.

De même en est-il de l'intérêt des entreprises. Les entreprises ont en effet intérêt à respecter leurs employés, les incitant ainsi à une loyauté indispensable dans le quotidien. Elles ont intérêt surtout à être à l'écoute de leur clientèle, puisque c'est elle qui achète leurs produits. Elles ont intérêt à ne pas se renfermer en elles-mêmes puisqu'elles existent premièrement et avant tout pour leur clientèle et qu'elles vivent dans un environnement donné qui serait déplaisant s'il leur devenait hostile.

Un intérêt bien compris et accepté comme tel devient une force positive qui nous pousse à l'action. Nous cessons d'attendre quoi que ce soit des autres. Après tout, les autres ne sont pas à notre service et ne sont pas obligés de faire notre travail à notre place. Ils n'ont pas à nous faire de cadeaux. Aussi bien, donc, ne rien attendre. Car si nous croyons que tout doit nous tomber du ciel, que les autres doivent nous faire plaisir, qu'ils doivent accomplir notre travail à notre place, il y a bien des chances que nous restions passifs en attendant que tout nous soit donné. Ne faisant aucun effort personnel pour obtenir ce que nous désirons, nous n'obtiendrons rien ainsi par nous-mêmes. Et comme il n'est pas sûr que les autres accèdent à nos désirs, le risque est grand que peu de nos désirs s'accomplissent.

Si, comme gestionnaire, tu as à coeur de réussir dans ton travail, aussi bien être réaliste, t'atteler à ton travail en n'espérant de cadeaux de personne et prendre en main fermement ton service en te disant bien que les autres ne feront jamais ton travail à ta place et qu'il est normal qu'ils n'y soient en aucune façon intéressés. Passe à l'action immédiatement. N'attends pas à demain, car c'est de ta décision et de ton action d'aujourd'hui que dépendent tes résultats de demain.

J'en conclus donc que l'égoïsme, l'intérêt personnel bien compris, n'est qu'une forme d'acceptation de soi-même, acceptation qui se développe progressivement par la confrontation systématique des idées irréalistes à l'origine de la culpabilité et de la dépression. L'effort requis pour atteindre ainsi une bonne stabilité émotive en vaut vraiment la peine, la stabilité émotive d'un gestionnaire lui donnant cette maîtrise de soi (self-control) essentielle dont parlent à peu près tous les bons livres d'administration.

Chapitre V

Je suis altruiste

Il avait toujours raison. Jamais il n'écoutait vraiment quelqu'un qui était d'opinion contraire. Directeur des opérations dans une compagnie d'assurances, Wilfrid faisait partie de mon club social et j'ai pu le suivre, dans son expérience de gestion, grâce à un de ses confrères de travail qui faisait partie du même club social. Wilfrid dirigeait, à son travail, plus de quatre cents employés. Comme j'étais surpris de son attitude arrogante et suffisante au club social, je demandai à son confrère ce qu'il en était dans son milieu de travail. Et il m'en a raconté des choses...

Wilfrid occupait son poste de directeur des opérations depuis un an et demi seulement. Il avait obtenu ce poste grâce à un succès rapide comme directeur d'organisation et méthodes de la même compagnie. On disait toutefois que ce service était désorganisé le jour où il l'avait quitté. Il y avait acquis la réputation d'un ambitieux hors pair, toujours prêt à écraser un confrère ou un subordonné si cela pouvait contribuer à son avancement. Il s'attribuait personnellement chaque rapport et chaque trouvaille de son service: il parlait toujours de "mon rapport" sur tel ou tel sujet, plutôt que du rapport de tel ou tel des analystes qu'il dirigeait. À l'entendre, il faisait tout dans son service, et il s'attribuait le prestige de tout absolument, même des résultats intéressants qui s'étaient accomplis contre sa volonté. Peu importait la genèse du travail, les mérites en revenaient à Wilfrid et à personne d'autre. Comme il s'arrangeait pour être le seul interlocuteur de son service avec la haute direction, il avait réussi à briller d'un éclat tout à fait particulier aux yeux des autorités, et son esprit de décision ainsi que des objectifs ambitieux avaient contribué à fouetter ses analystes pour les amener à produire durant les deux ans qu'il avait été directeur d'organisation et méthodes. Mais il était temps qu'il quitte cette direction lorsqu'il fut promu directeur des opérations.

Plusieurs employés de sa nouvelle direction avaient entendu parler de lui comme d'un ambitieux et d'un intrigant assez spécial, mais il était bien vu de la haute direction: sa promotion en était un témoignage éloquent. Il fallait donc faire attention. Dès le début, la suspicion régna parmi ses six subordonnés immédiats. Wilfrid garda sa fâcheuse habitude de toujours parler de "mes rapports", "ma production", "mes machines", "mes statistiques", "mes employés", ignorant chaque fois la contribution de toutes les personnes qui l'entouraient. Quant il complimentait un des gestionnaires de sa direction, il le faisait toujours de façon très restrictive et comme s'il y était obligé. Mais chacun savait qu'il ne répéterait pas ce compliment très mérité devant la haute direction ou dans d'autres groupes: il s'attribuerait alors tout le prestige des résultats obtenus.

Cependant, il n'y allait pas de main morte quand il s'agissait de blâmer. Il lui fallait toujours trouver un coupable, et mieux valait ne pas être ce coupable à cause de la honte et de l'humiliation qui jaillissaient sur lui, car il était souvent blâmé en présence de plusieurs personnes. Une seule personne ne faisait jamais d'erreur, et c'était Wilfrid. Depuis un an et demi qu'il occupait le poste de directeur des opérations, le climat s'était détérioré de façon tellement évidente que la haute direction lui demandait des explications fréquentes concernant des événements quotidiens, la baisse constante de la production et l'attitude belliqueuse du syndicat. Chaque fois, Wilfrid trouvait des coupables, et comme il croyait que son antisyndicalisme plaisait à la haute direction, il faisait fréquemment du syndicat son bouc émissaire.

Il était exigeant au point d'être intransigeant avec ses subordonnés. Chacun devait obéir au doigt et à l'oeil. Et chacun se voyait continuellement imposer défi après défi. Il faut dire qu'il était très exigeant pour lui-même et qu'il n'hésitait pas à travailler le soir et les fins de semaine, mais la production se maintenait au plus bas et ne voulait plus remonter. Les employés avaient perdu tout intérêt, plusieurs demandaient des mutations et des pétitions avaient circulé à quelques reprises pour s'opposer au climat dictatorial qui régnait. À la fin, l'insatisfaction et le mécontentement étaient devenus tellement grands que les griefs et les mutations se multiplièrent, de même que les pétitions. La haute direction décida alors de muter Wilfrid et de le remplacer par un gestionnaire ayant démontré de meilleures aptitudes pour les relations humaines, espérant ainsi améliorer le climat et la production à la direction des opérations. C'est alors que Wilfrid quitta notre club social.

Que s'était-il donc passé? Est-ce que l'attitude de Wilfrid avait vraiment contribué à créer autant de désordre? Je le crois. Passons en revue les quelques principes que nous avons étudiés dans les chapitres précédents. Wilfrid connaissait ses objectifs: il savait où il allait. On peut dire, de plus, qu'il était un homme d'action, très discipliné et travailleur, mais il avait de la difficulté à choisir les actions pertinentes à ses objectifs à cause de son ambition démesurée et de ses propres exigences de bien paraître aux yeux de l'autorité. Par ailleurs, il me semble évident, d'après la description que m'en a faite mon ami du club social, qu'il manquait de réalisme en voulant imposer à tout le monde des défis perpétuels tout en gardant tout le prestige pour lui-même. Poursuivait-il son intérêt personnel? Ah oui, il le poursuivait son intérêt personnel, mais dans une compréhension tellement étriquée qu'il en oubliait l'aspect principal.

J'ai en effet intérêt, en gestion, à maintenir de bonnes relations humaines avec les autres. C'est que l'altruisme prêché par le docteur Hans Selye fait lui-même partie de l'égoïsme, normal de chacun de nous. Si je comprends bien mon intérêt personnel, je saurai que j'ai tout avantage à respecter les intérêts des gens qui m'entourent. Et même si j'ai le droit de comprendre comme je l'entends mon intérêt personnel, j'ai avantage, et cela devient même une nécessité si je veux devenir ou rester gestionnaire, à développer de bonnes relations humaines avec mes subordonnés. Bien sûr, de bonnes relations humaines sont souhaitables avec mes patrons et mes collègues gestionnaires, mais d'autres que moi sont chargés d'en réaliser la coordination et ces bonnes relations humaines relèvent moins immédiatement de ma responsabilité. Mais si je n'ai pas la collaboration de mes subordonnés dans la réalisation de mes objectifs, aussi bien dire tout de suite que ces objectifs ne seront jamais réalisés.

C'est ce que n'avait pas compris Wilfrid. Wilfrid avait en effet négligé de considérer que ce qui distingue précisément le travail d'un gestionnaire du travail d'un exécutant est la coordination de toutes les activités qui sont regroupées sous sa responsabilité. Le prestige du gestionnaire se retrouve donc dans une bonne coordination de son équipe, en fonction des objectifs de son entreprise. Un gestionnaire qui a compris ce principe est prêt à travailler dans l'ombre pour que revienne à chacun de ses subordonnés le prestige de son travail. L'employé sera intéressé à travailler encore plus fort à l'avenir, parce qu'il sait que son patron reconnaît et apprécie ses bons résultats. Même si l'on ne récompense pas les efforts, mais les résultats, l'employé ainsi stimulé à fournir plus d'efforts a plus de chances d'obtenir de bons résultats. Et si le service marche bien et que les objectifs sont atteints grâce à la contribution de chacun des employés, le prestige de la coordination d'ensemble revient au gestionnaire qui le dirige. Remarquez qu'il y a plusieurs gestionnaires qui, comme Wilfrid, pensent qu'ils doivent s'attribuer personnellement le prestige du travail de leurs subordonnés. Car ils pensent qu'en attribuant tout le prestige des résultats à chacun des employés, il ne leur en restera plus pour eux-mêmes. Or, ils oublient que le prestige du gestionnaire réside d'abord et avant tout dans la qualité de sa coordination. C'est un principe évident pour certains gestionnaires qui obtiennent beaucoup de succès dans la coordination de leurs équipes de travail. Mais c'est un principe malheureusement ignoré d'une quantité énorme de gestionnaires, et parmi les plus haut placés dans la hiérarchie. Ce principe de la répartition du prestige est tellement ignoré, dans la pratique, qu'on a souvent tendance à ne reconnaître aucun prestige au gestionnaire qui l'applique avec le plus d'habileté. On dit alors de cette personne: "Elle est chanceuse, car elle a de bons employés."

Par définition, une fonction de direction comporte des relations humaines. On délègue à d'autres. On règle des conflits. On prévoit des changements qui affecteront des personnes. On favorise la formation des employés et on les sensibilise aux objectifs de l'entreprise, car ces objectifs seront nécessairement réalisés par des personnes. C'est ce que Wilfrid avait oublié, pour son grand malheur.

Comment Wilfrid aurait-il pu modifier son comportement, quand il a vu qu'il n'obtenait pas les résultats désirés? Il aurait alors eu avantage à confronter ses idées avec la réalité. La réalité était que la collaboration des autres était nécessaire à l'accomplissement de ses objectifs de gestionnaire. Il aurait pu se demander: est-ce que je fais ce qui est requis pour obtenir leur collaboration? Ma façon de toujours parler de "mes rapports", "ma production", "mes machines", "mes statistiques", "mes employés", ne les choque-t-elle pas? Comme il est probable que ça les indispose, j'ai intérêt à remplacer de tels énoncés par d'autres qui reconnaissent leur participation et leur travail. Leur prestige est-il respecté lorsque je m'attribue à moi seul tout ce qui va bien et que je poursuis implacablement des coupables et que je les blâme pour ce qui va mal? Est-ce réaliste de penser que j'ai toujours raison et qu'ils ont toujours tort? Est-ce ainsi que je vais obtenir de mes subordonnés la collaboration qui m'est indispensable si je veux demeurer gestionnaire?

J'ai donc avantage à faire mienne la pensée maîtresse de certaines compagnies américaines qui enseignent à leurs gestionnaires à devenir les assistants de leurs subordonnés. Devenir l'assistant de ton subordonné signifie: chercher constamment à l'aider dans ses difficultés à réaliser ses objectifs, objectifs qui font en fait partie de tes objectifs. Cela signifie aussi le respecter profondément comme personne humaine en reconnaissant qu'il a entièrement le droit d'agir comme il l'entend, même si cela entre en contradiction avec les objectifs de ton entreprise.

J'ai avantage, comme gestionnaire, à considérer toujours un employé sous deux aspects: d'abord, comme un être humain totalement libre de faire des choix et responsable pour en subir les conséquences. À ce titre, il a même le droit de désobéir. D'ailleurs, la religion fait appel au même respect des personnes quand on dit que Dieu respecte tellement les humains qu'il leur donne la liberté de commettre le péché. Deuxièmement, je dois le considérer comme un employé qui, s'il veut le demeurer, devra travailler à la réalisation des objectifs de l'entreprise. Comme personne humaine, chacun a une valeur qui demeure toujours identique et est la même pour tous. Pour être efficace, cette personne humaine doit avoir atteint un certain équilibre sur les plans physique et psychologique, selon le vieux principe: *"mens sana in corpore sano"*, "un esprit sain dans un corps sain". Le "conditionnement" psychologique suppose qu'on n'est pas toujours en train de se blâmer soi-même. Et le gestionnaire, dans sa relation d'aide et s'il veut lui-même bénéficier de l'efficacité de ses subordonnés, a intérêt à ne pas renforcer cette tendance que les humains ont à se blâmer, en les blâmant lui-même continuellement. Il a intérêt à les féliciter pour ce qu'ils réussissent, utilisant ainsi leurs forces pour mieux réaliser ses objectifs. De la sorte, le gestionnaire contribuera à la stabilité émotive de ses subordonnés, et il en sera le premier bénéficiaire.

Quant au deuxième aspect, celui qui veut qu'un employé contribue à la réalisation des objectifs de l'entreprise, le gestionnaire applique alors une morale, la morale de l'entreprise. Il évalue les actions de l'employé, qui peuvent être opportunes ou inopportunes, sans que jamais la valeur de la personne elle-même ne change. De la même façon, on dit que Dieu n'aime pas le péché mais qu'il aime le pécheur, faisant ainsi la distinction entre la personne et ses actes. Pour sa part, la société établit des chartes des droits, accordant des droits égaux à tous les citoyens et les reconnaissant égaux devant la loi, mais requérant les actes qui sont opportuns pour son maintien et sa survie et essayant d'éliminer les actes inopportuns qui peuvent lui nuire. De la même façon, l'entreprise poursuit ses objectifs et juge opportuns les actes qui vont dans le sens de l'accomplissement de ses objectifs, et inopportuns ceux qui tendent à en empêcher la réalisation. Tenant compte des individus et les respectant dans leur droit de faire des choix personnels, je n'oublierai quand même jamais, comme gestionnaire, la morale de l'entreprise, en leur demandant de poser les gestes requis pour l'accomplissement des objectifs.

Comme les bonnes relations humaines avec mes subordonnés font partie d'une approche psychologique saine et que cette approche est un atout important pour la réalisation de mes objectifs, j'aurai alors avantage à promouvoir les bonnes relations humaines dans l'intérêt même de l'entreprise, et dans mon intérêt personnel, comme gestionnaire. Dans ce sens, chacun se dira intérieurement que l'autre, comme personne humaine, a tous les droits, incluant même le droit de désobéir. Ce qui ne veut pas dire qu'on ne fera rien devant la désobéissance: on étudiera d'ailleurs ce point dans les chapitres VII et IX qui suivent. Si l'on avait vraiment ce respect de l'autre et de ses droits, on n'aurait pas cette désagréable tendance, existant dans beaucoup d'entreprises et d'organismes, à regarder comme des pestiférés tous ceux qui n'ont pas la faveur immédiate de la direction et qui sont mis de côté par elle. Je me donne donc tous les droits, dans mon égoïsme, et je donne aux autres tous les droits, dans mon altruisme, pour une bonne stabilité émotive et pour créer ainsi les conditions de base, le climat nécessaire à l'efficacité.

Wilfrid, on se le rappelle, avait également tendance à avoir des exigences démesurées envers ses subordonnés. Il leur imposait défi sur défi et n'était jamais satisfait des résultats. Être trop exigeant pour les autres, comme pour soi-même, c'est du perfectionnisme, et cela mène toujours à des résultats tronqués. Aussi bien te dire que les autres sont humains comme toi, faillibles comme toi, et qu'ils ne peuvent agir comme des anges ou des dieux. S'ils font des erreurs, tu assumes ces erreurs comme les tiennes car elles font partie des erreurs de ton unité administrative.

Rejeter le perfectionnisme ne signifie aucunement tomber dans la mollesse et de devenir bonasse. Car si tu veux rester gestionnaire, tu as intérêt à ne jamais perdre de vue tes objectifs. Tu as intérêt à être ferme vis-à-vis des objectifs de ton entreprise, à les poursuivre sans relâche et à t'assurer que tes subordonnés les poursuivent également. Tu ne travailles plus alors ton état psychologique ou l'état psychologique de tes subordonnés; tu travailles à l'accomplissement de la morale de l'entreprise, c'est-à-dire selon ses normes et ses critères d'efficacité, ses objectifs réalisés ou pas. Or, les deux plans doivent être poursuivis simultanément, celui de l'approche psychologique et celui de la morale de l'entreprise.

Enfin, on a vu que Wilfrid a atteint, dans son emploi de directeur d'organisation et méthodes, des résultats remarquables avec de mauvaises relations humaines. Il est possible que cela arrive, mais ça ne dure habituellement pas longtemps. De tels gestionnaires, qui réussissent très bien malgré de mauvaises relations humaines, finissent par ressentir une grande insécurité parce qu'ils savent leur situation peu stable, et ils ont alors tendance à changer d'emploi. Souvent ils réussissent même à obtenir des promotions, mais leurs piètres résultats quant aux relations humaines leur causent des problèmes assez graves jusqu'à ce qu'ils changent, s'ils changent, ce qui est toujours possible. Je ne parle pas ici du gestionnaire qui a mauvais caractère, parfois considéré comme ayant de mauvaises relations humaines, mais reconnu comme étant juste. Il sait apprécier les résultats obtenus par ses subordonnés et les appuyer fermement dans les situations difficiles.

De la même façon que je peux m'épanouir davantage en insistant sur mes forces plutôt que sur mes faiblesses, j'aurai plus de chance de succès, dans mes relations avec les autres, en m'appuyant sur leurs forces plutôt que sur leurs faiblesses. Vous avez rencontré, comme moi, des gestionnaires qui réussissent là ou d'autres ont échoué, tout simplement en sachant utiliser leur personnel à bon escient, chacun suivant ses aptitudes et dans la ligne de ses forces. Vous avez également rencontré des gens qui avaient été évalués comme mauvais employés par certains gestionnaires, et qui se sont révélés d'excellents employés lorsque dirigés par d'autres gestionnaires. Habituellement, les gestionnaires qui permettent aux employés de s'épanouir et les utilisent selon leurs forces en bénéficient grandement dans la réalisation de leurs objectifs.

Certains gestionnaires vous diront: comme c'est vrai ce que vous dites à propos des bonnes relations humaines dans l'entreprise! Et ils croiront appliquer exactement ces principes alors que, dans la pratique, ils n'agissent vraiment pas en fonction des objectifs de l'entreprise. Ce qui est devenu leur objectif, c'est précisément d'avoir de bonnes relations humaines. Ce sont les relations humaines pour les relations humaines, plutôt que de bonnes relations humaines pour une meilleure réalisation des objectifs de l'entreprise. Ainsi, certaines personnes demandant une promotion disent qu'elles désirent la promotion pour rendre les autres heureux. Elles démontrent alors qu'elles n'ont rien compris à la situation. Si elles disaient plutôt qu'elles veulent réaliser adéquatement les objectifs de l'entreprise, et que ces objectifs sont habituellement mieux réalisés lorsqu'ils le sont dans le respect des employés, pour obtenir d'eux une meilleure contribution personnelle, alors elles auraient un peu plus de chances d'être près de la réalité. Car l'intérêt des gestionnaires se trouve dans la réalisation adéquate des objectifs de l'entreprise, s'ils veulent demeurer gestionnaires. Et l'intérêt de l'entreprise se trouve dans le respect de l'intérêt personnel des employés, si l'entreprise veut continuer à vivre, se développer et faire des profits. De la même façon, Jean-Jacques Servan-Schreiber démontre, dans son livre *Le Défi mondial*, que c'est dans l'intérêt des pays développés, de façon très égoïste, de favoriser un développement accéléré des pays sous-développés. C'est donc dans leur intérêt égoïste d'être altruistes.

D'autres personnes, étant elles-mêmes gestionnaires, favorisent systématiquement un régime de bonnes relations humaines en oubliant les objectifs de l'entreprise, lorsqu'elles agissent par peur d'être contredites et qu'elles laissent tout aller à la débandade. Ce sont d'éternelles indécises, incapables de prendre la moindre décision de peur de déplaire à l'un ou à l'autre. Elles sont très malheureuses de constater un jour que leur propre indécision a soulevé tous leurs subordonnés contre elles. Les retards s'accumulent dans le service et le désordre règne. On ne sait plus où aller: le gouvernail est brisé. De tels gestionnaires sont parfois surpris qu'on les mute ou qu'on les rétrograde, alors que leur véritable démission devant l'action et les objectifs de l'entreprise, sous prétexte de bonnes relations humaines, est un argument assez fort pour justifier une telle mesure.

Quant aux relations humaines qu'un gestionnaire peut entretenir avec ses collègues gestionnaires ou autres collègues de travail, et même si elles ne relèvent pas immédiatement de sa responsabilité, il est dans son intérêt qu'elles soient bonnes, pour une meilleure efficacité personnelle et pour une meilleure efficacité d'ensemble. Il a avantage à faire les premiers pas et à chercher à collaborer avec ses collègues, sans rien attendre en retour, du seul fait que sa propre contribution à son entreprise sera améliorée d'autant. Il a intérêt à se demander de quelle façon il peut le mieux aider ceux qui l'entourent, de quelles informations ils ont besoin et comment il peut amener les autres à trouver leur avantage dans une plus grande coopération. Cette attitude générale ne donnera peut-être pas toujours des résultats à court terme, mais elle lui apportera sûrement des dividendes à long terme. D'ailleurs, l'exemple d'une grande coopération ainsi donné aux autres de façon tout à fait gratuite devient un gage d'intégrité et de confiance devant la haute direction. À ce titre, il perd un peu de sa gratuité et relève d'un certain intérêt personnel. Et pourquoi pas? Ayant plus de poids devant la haute direction, ce gestionnaire pourra ensuite obtenir de l'appui dans plusieurs circonstances.

J'en conclus donc que, comme gestionnaire, j'ai vraiment intérêt à être altruiste, à chercher à aider les autres, à devenir l'assistant de mes subordonnés dans l'accomplissement de leurs objectifs et à collaborer avec mes collègues dans la poursuite des objectifs généraux de mon entreprise. Tout esprit d'hostilité, de rancune ou de vengeance ne peut conduire qu'à me nuire dans l'accomplissement de mes objectifs et de ceux de mon organisation. Si mon esprit est habité par de telles idées, j'aurai avantage à les confronter aussitôt, pour une meilleure stabilité émotive personnelle. Une fois acquise l'habitude de la confrontation écrite, je verrai combien c'est facile de me créer une habitude de confrontation purement mentale, qui se fait en quelques secondes, chaque fois que j'ai des émotions désagréables. Car ces émotions désagréables m'affaiblissent et me rendent moins ferme dans la poursuite et l'accomplissement de mes objectifs.

Chapitre VI

Je communique

Marcel était d'une rigidité exceptionnelle. Personne n'avait le droit de communiquer avec d'autres services, que ces services soient opérationnels ou de soutien, sans son autorisation. Devait-on procéder à du recrutement, à des promotions, à des mesures disciplinaires, aucun gestionnaire relevant de lui n'avait le droit de consulter les spécialistes du bureau du personnel. C'est lui qui devait s'en occuper, et personne d'autre. Il centralisait toute l'information dans son service: tout partait de lui et devait revenir à lui. Il ne reconnaissait que l'information qu'il contrôlait ainsi. Pour lui, l'information latérale n'existait pas. Ceux qui communiquaient entre eux sur une base latérale, sans son autorisation, se voyaient condamnés ultérieurement à être mis de côté si jamais il l'apprenait. C'était un homme de principes, et toute personne ayant des principes contraires aux siens, ne serait-ce que celui de la tolérance, était classée irrémédiablement comme un hérétique. On le devine, Marcel était aussi intolérant pour lui-même qu'il l'était pour les autres. Il avait toujours raison, et il ne pouvait comprendre que quelqu'un soit en désaccord avec lui.

Marcel dirigeait cinquante employés sous ma direction, et je me demandais vraiment comment l'amener à changer son comportement. Car les employés qu'il dirigeait cherchaient toutes sortes d'occasions de venir me voir, à son insu, pour me dire combien la situation était devenue difficile. Empêchés de communiquer normalement, sur une base latérale, ils s'étaient habitués à passer leurs commentaires en cachette, dans son dos, et avaient par contre toujours peur que des espions aillent lui rapporter tout ce qu'ils disaient, ce qui se produisait souvent et faisait régner un climat de peur très contraignant.

Comme j'avais appris à maîtriser passablement bien la philosophie émotivo-rationnelle, j'entrepris d'essayer de lui faire voir, par cette approche, qu'il y allait de son intérêt personnel d'améliorer sa communication. C'était une situation très délicate car, si je l'informais de ce que certains des employés me disaient, il chercherait probablement les coupables, pour éventuellement se venger, et la situation ne ferait qu'empirer plutôt que de s'améliorer.

Je commençai donc par lui expliquer l'avantage qu'il pouvait retirer, comme tous les êtres humains, à développer en lui-même l'idée que les autres ont tous les droits, comme lui-même d'ailleurs. C'était déjà difficile à accepter, puisqu'il avait toujours pensé autrement depuis sa tendre enfance. Et le travail de chef de secteur qu'il occupait depuis cinq ans dans l'entreprise, avec une loyauté à toute épreuve à son employeur, n'avait fait que confirmer sa tendance naturelle. Quand je lui expliquai que cela faisait partie d'une attitude psychologique de base permettant à chacun de conserver sa force psychologique en cessant de se blâmer soi-même et en n'étant pas blâmé par les autres, et que cela améliorait inévitablement l'efficacité quand quelqu'un plaçait ses efforts dans la réalisation des objectifs de l'entreprise, il commença à comprendre.

J'ajoutai alors qu'il aurait intérêt à se mettre à la place des autres, à développer de l'empathie. Ce qui ne veut aucunement dire qu'il était obligé de leur témoigner de la sympathie. La sympathie consiste à avoir les mêmes sentiments que les autres: pleurer avec ceux qui pleurent et rire avec ceux qui rient, alors que l'empathie consiste à se mettre à la place des autres pour les comprendre dans leur douleur ou dans leur désarroi, s'ils sont dans de tels états, sans être soi-même dans la douleur et le désarroi, ce qui n'arrangerait pas les choses. Je lui posai alors des questions directes: est-ce qu'il aimerait se faire continuellement surveiller par des gendarmes et des espions qui l'empêcheraient de communiquer avec qui il veut? Est-ce qu'il croyait vraiment, en délimitant de façon aussi rigide son réseau de communication, empêcher les gens de parler derrière son dos? Ne croyait-il pas qu'une telle rigidité développe plutôt un climat de méfiance et de peur s'opposant à l'efficacité qu'il prônait? En voulant tellement être bien informé, et en l'exigeant de façon aussi draconienne, ne perdait-il pas un lot d'informations que les gens auraient été heureux de lui transmettre de façon libre et autonome si un climat de confiance et de liberté avait existé, ce qui ne veut dire en aucune façon relâchement et laisser-aller?

C'est ainsi que nous avons mené notre réflexion sur la communication, Marcel et moi, et qu'il en vint même à y voir son intérêt personnel. Car si je communique de façon empathique avec un de mes subordonnés, je me mets à sa place, et je suis alors en mesure de savoir s'il a bien compris mon message. Ce message étant destiné à l'accomplissement des objectifs de l'entreprise, je suis en mesure de vérifier s'il le perçoit bien si je me mets à sa place et si j'essaie de comprendre sa situation en lui posant des questions et en l'écoutant. J'ai alors de bien meilleures chances que les objectifs de l'entreprise se réalisent. Il y va donc également de mon intérêt personnel.

De même en est-il de la liberté que je peux laisser à mes employés de parler avec qui ils veulent. Bien sûr, mon avantage de gestionnaire est d'abord de communiquer efficacement avec tous ceux qui relèvent immédiatement de moi afin qu'ils puissent eux-mêmes établir une bonne communication, transmettant le même message et visant les mêmes objectifs lorsqu'ils communiqueront avec les autres. S'il existe un climat de liberté, et que les employés ont le droit de se parler entre eux, ils seront portés à clarifier les situations entre eux, sur une base latérale, sans que j'y voie une attaque à mon autorité, et mon emploi de gestionnaire sera d'autant plus facile. Ils seront alors intéressés à m'aider puisque je leur démontre constamment que je veux les aider et que je les respecte en leur assurant une communication valable, une communication qui rejoint l'autre, qui le prend tel qu'il est, qui le convainc d'adhérer intérieurement à la réalisation des objectifs de l'entreprise et qui lui démontre même que c'est dans son intérêt personnel.

Si je veux toujours avoir raison et que je ne me fie qu'à mes principes, je n'écouterai pas vraiment l'autre lorsqu'il parle. Et ce peut être tellement précieux pour moi de l'écouter: il peut en effet jeter un éclairage nouveau sur un problème que j'affronte, me signaler un aspect déficient d'un projet que nous entreprenons, me suggérer de nouvelles solutions et de nouvelles approches... C'est donc dans mon intérêt de l'écouter.

Donc, ici encore, mon avantage, si je communique mal comme gestionnaire, se trouve dans la confrontation de mes idées irréalistes à l'effet que toute information doit suivre la ligne hiérarchique, que tout le monde doit adopter mes principes et que la communication latérale est pernicieuse. Il s'agit ensuite de passer à l'action, d'abord en reconnaissant à mes subordonnés et à mes supérieurs, ainsi qu'à mes collègues gestionnaires, le droit de communiquer comme ils l'entendent, puis en leur accordant une plus grande liberté, favorisant ainsi une meilleure réalisation des objectifs de l'entreprise.

Encore là, je viserai, pour être un gestionnaire efficace, à ce que ma communication elle-même ait un objectif, et c'est à moi de m'assurer que cet objectif soit clair et bien défini, et qu'il contribue à réaliser les objectifs de l'entreprise. En d'autres mots, mon message doit avoir un contenu et une orientation lorsque je suis l'émetteur, et j'ai intérêt à être empathique vis-à-vis des autres pour m'assurer que mon message est compris. C'est d'ailleurs à moi de m'en assurer et de le vérifier. C'est assez facile de demander à ceux qui m'écoutent de reformuler mon message et de m'assurer ainsi qu'il a été bien compris.

J'ai intérêt à informer et à communiquer pour une plus grande participation, chez mes subordonnés, pour un meilleur appui de mes patrons et de mes collègues gestionnaires, pour m'assurer une meilleure consultation et pour expliquer mes contraintes afin que les autres, les comprenant mieux, puissent m'aider à surmonter les obstacles. J'ai intérêt à permettre autant la communication latérale que la communication ascendante ou descendante puisqu'elles se complètent. J'ai intérêt à une communication directe, basée sur la confiance, puisque la confiance attire la confiance et que la communication indirecte, basée sur des rapports d'espions, donne accès à une information souvent déformée. J'ai aussi intérêt à vérifier sur-le-champ, auprès des premiers intéressés, si mes messages ont été bien transmis et bien saisis. Même lorsque je donne un ordre, j'ai intérêt à le faire de façon à souligner le respect que j'ai de l'autre et de sa liberté de faire ce qu'il veut, lui soulignant en même temps que, s'il veut demeurer un employé de l'entreprise, il doit nécessairement se soumettre à ses objectifs.

Des gens bien informés et visant les mêmes objectifs ont tendance à mieux prendre chacun leur petite décision qui s'intègre à l'objectif général. Ils ont naturellement tendance à mieux coordonner leurs efforts avec les autres, ce qui facilite d'autant la tâche du gestionnaire. Ils ont aussi tendance à mieux transmettre l'information de retour si essentielle à une bonne direction. Chaque employé dans l'entreprise est en effet une source de production autant que de consommation de toutes sortes de données utiles à l'entreprise.

Souvent, des employés et des gestionnaires, à tous les niveaux de la hiérarchie, partant du principe que l'information c'est le pouvoir, ont tendance à vouloir s'en réserver le plus possible et gardent pour eux quantité d'informations qui seraient plus utiles à l'entreprise si elles étaient partagées à tous les niveaux. Cette attitude se propage surtout lorsque les gestionnaires ont peur d'effectuer une juste répartition du prestige et d'accorder à chacun le crédit de ses trouvailles s'appropriant plutôt le mérite des découvertes des autres.

Si je me préoccupe de mon objectif et de mon message, je n'ai pas à me préoccuper d'enlever le prestige à ceux à qui il appartient. L'important, pour moi, c'est de me faire comprendre, et de m'assurer que chacun s'orientera, grâce à ce message, dans le sens des objectifs de l'entreprise. C'est une question d'attitude bien plus que de techniques. À la base de cette attitude, on retrouve l'idée réaliste que les autres ont le droit d'avoir leurs propres pensées et leurs propres comportements, que ces pensées et ces comportements sont souvent différents des miens, que c'est une situation tout à fait normale et qu'il n'y a rien qui dit que ça devrait être autrement. J'ai donc intérêt à me mettre à leur place, dans une situation d'empathie, pour m'assurer que je suis compris et que je les comprends.

Si, par ailleurs, je ne communique pas, l'information va circuler quand même, mais elle ne me sera d'aucune utilité puisqu'elle se fera sans ma participation. Elle peut même se faire contre moi: murmures, rumeurs, suspicion, opinions.

Beaucoup d'entreprises s'imaginent avoir mis sur pied un système de communication efficace parce qu'elles fonctionnent avec des bulletins, des journaux, des mémos, un système d'affichage, alors que parfois les messages essentiels concernant les objectifs de l'entreprise ne sont même pas transmis ou compris, car l'état d'esprit n'y est pas.

Il est important que le gestionnaire constate qu'il a une responsabilité spéciale au niveau de la communication, car il a une responsabilité spéciale à l'égard de la réalisation des objectifs de l'entreprise. C'est donc dans son intérêt de les poursuivre.

Enfin, s'il est important de parler et de communiquer, il est également important de se rappeler que certaines communications sont faites de silence. Il importe de savoir écouter. Et les silences pourront parfois se prolonger dans une discrétion totale pour certaines questions confiées, secrets d'entreprise ou secrets individuels, pour une meilleure confiance mutuelle.

On peut dire, dans l'ensemble, que c'est cette attitude d'écoute qui manque le plus dans l'administration, de la part des gestionnaires. Croyant trop facilement avoir toujours raison, les gestionnaires ne sont pas très enclins à écouter. C'est, en fait, qu'ils n'y voient pas vraiment leur intérêt personnel. Et pourtant!

Un gestionnaire a même un avantage considérable à susciter l'expression des commentaires et des remarques de ses subordonnés. Car il en retirera quantité d'informations et de suggestions qu'il ne peut obtenir ailleurs. Qui, en effet, connaît mieux le travail de son service que ceux qui l'effectuent? Qui peut mieux contribuer à l'améliorer? Qui est mieux en mesure de le réorienter, de le réorganiser au besoin et de concevoir de nouveaux objectifs?

Le gestionnaire efficace ira jusqu'à demander à ses subordonnés s'ils sont satisfaits de l'aide que lui, à titre de supérieur immédiat, leur apporte, et comment il peut améliorer cette aide.

Avec mon aide, Marcel en vint donc à croire que les autres avaient tous les droits, comme lui-même. Il devint tolérant pour les autres et un peu plus tolérant aussi pour lui-même. Habitué à ce que je le confronte dans ses idées irréalistes, il apprit également à se confronter lui-même. Chaque fois qu'un de ses subordonnés brisait la ligne hiérarchique pour communiquer avec d'autres, il avait encore tendance à s'assombrir, mais il se posait alors la question: "Quelle est l'idée irréaliste que tu as à l'esprit?" Et il se répondait: "C'est que ton subordonné n'a pas le droit de passer outre à la ligne hiérarchique, qu'il doit absolument respecter ton autorité et passer par toi, que toute autre attitude ou tout autre comportement sont inacceptables et abominables. Non! il n'a vraiment pas le droit de te faire ça!" Pour confronter ces idées irréalistes et retrouver sa stabilité émotive, il se référait alors à la réalité de la façon suivante: "La réalité, c'est que ton subordonné est entièrement libre de parler à qui il veut, cela ne t'enlève rien, même si c'est peut-être désagréable qu'il ne respecte pas la ligne hiérarchique, mais ce n'est en aucune façon abominable et inacceptable. La réalité, c'est qu'il n'est pas obligé de te faire plaisir. De plus, l'organisation ne sera-t-elle pas plus efficace si la communication est meilleure? Ne serait-ce pas travailler contre mon propre intérêt personnel de refuser la communication dans tous les sens? Bien sûr, j'ai intérêt à lui demander et même à exiger certaines informations qui me sont requises dans mon travail quotidien et pour un fonctionnement efficace, mais je ne peux l'empêcher de parler aux autres, comme je serais tenté de le faire. Et, même si je voulais l'en empêcher, il pourrait parler aux autres de toute façon, et il y a des risques que cela se fasse contre mes propres intérêts et à mon insu!"

Marcel s'aperçut assez rapidement que ses confrontations lui apportaient une bonne stabilité émotive. Il en devint très heureux, car il constatait qu'il était bien plus apprécié de son entourage, que ses objectifs étaient mieux compris et que son travail était décidément moins stressant.

Il devint vite un adepte de la philosophie émotivo-rationnelle. Il prêchait à tous que chacun a le droit d'être différent, et que c'est essentiel d'être tolérant et de respecter les idées des autres dans les milieux de travail. Il croyait à ce point que c'était d'une importance capitale d'être tolérant qu'il devint d'une suprême intolérance dans sa philosophie de la tolérance. Les autres étaient maintenant obligés d'être tolérants sous peine d'être condamnés irrémédiablement. Je lui fis alors remarquer qu'il avait avantage à se confronter quant à cette nouvelle intolérance. Quelle était donc la nouvelle idée irréaliste qui habitait son esprit? C'était que les autres étaient obligés d'être tolérants; ils étaient obligés de croire dans la supériorité absolue de la philosophie émotivo-rationnelle; ils devaient absolument partager sa foi dans le fait que les autres ont le droit de faire ce qu'ils veulent. Et comment pouvait-il confronter cette idée irréaliste avec la réalité? En se disant que les autres êtres humains ne sont pas obligés de partager ses croyances, qu'il est peut-être vrai que la philosophie émotivo-rationnelle est l'approche la plus simple et la plus efficace qui soit, mais que chacun a le droit de l'accepter ou de la refuser selon son propre choix.

J'en conclus donc avec Marcel que l'approche émotivo-rationnelle permet de créer l'attitude de base entraînant une bonne communication. Elle facilite la maîtrise de soi, l'élimination de l'agressivité dans les rapports humains et une attitude de tolérance permettant alors l'écoute de l'autre. Encore faut-il prendre la décision d'écouter l'autre. Et cette attitude est à son tour facilitée si l'on considère l'intérêt qu'il y a à écouter l'autre. Il est assez rare que l'on ne puisse y trouver quelque intérêt, sans verser pour autant dans une écoute servile des verbiages inutiles. J'en conclus également que la communication est vraiment utile, en gestion, puisqu'elle constitue l'essentiel de la fonction spécifique du gestionnaire qui est de coordonner. De même l'empathie, c'est-à-dire le fait de se mettre à la place de l'autre, est un des éléments importants de la communication, parce que la communication est centrée sur les émotions et les perceptions des gens bien plus que sur des données concrètes.

Chapitre VII

Mes employés n'ont pas le droit de me désobéir

Je vous ai raconté, dans le chapitre précédent, combien Marcel était rigide dans sa communication et dans ses principes. Avant que nous ayons commencé à travailler ensemble à l'amélioration de son comportement, ses principes l'amenaient à de grosses colères chaque fois qu'un de ses subordonnés osait amener la moindre objection à ses principes ou à ses ordres. De même, lorsque des confrères gestionnaires osaient s'aventurer dans une opposition quelconque à ses idées, et même si dans ce cas ses colères extériorisées étaient plus rares, on sentait par son attitude qu'il bouillait intérieurement, car il rougissait et devenait taciturne. Il croyait qu'aucune entreprise ne devrait vivre des conflits, que ces conflits se manifestent par de simples objections, des refus de travailler, des grèves ou autres formes d'opposition. L'autorité était sacrée: le patron était là pour commander, et l'employé pour obéir.

Parallèlement au travail que nous avions entrepris ensemble pour améliorer sa communication, j'entrepris alors de le confronter avec la réalité du conflit. Car la réalité fait que le conflit est présent partout, donc également dans l'entreprise, où il s'y trouve à demeure. Tout le monde connaît cette merveilleuse chanson de Raymond Lévesque intitulée *Quand les hommes vivront d'amour.* Il y raconte un rêve: "Quand les hommes vivront d'amour, il n'y aura plus de misère..." On pourrait ajouter qu'il n'y aura plus de guerre ni aucune autre sorte de conflits. Plus loin, dans la même chanson, Raymond Lévesque quitte toutefois ce rêve pour nous ramener à la réalité en nous disant que, le jour où les hommes vivront d'amour, "nous, nous serons morts, mon frère!" Car le conflit existera toujours.

Je dirais même que le conflit, dans l'entreprise, est aussi nécessaire que la douleur peut l'être pour le corps humain. Norman Cousins raconte, dans son livre *La Volonté de guérir* (Éditions du Seuil), l'histoire du docteur Paul Brand et de son travail auprès des lépreux. Le docteur Brand fut en effet surpris d'apprendre que la lèpre était caractérisée en partie par l'insensibilité des extrémités, et que cette insensibilité même expliquait comment les lépreux pouvaient perdre des doigts ou des orteils sans même s'en apercevoir, se faire ronger par des rats sans réagir, et même devenir aveugles. Et Norman Cousins en conclut qu'il fallait, au niveau du corps humain, travailler la cause profonde de la maladie plutôt qu'à l'élimination de la douleur. Car la douleur est révélatrice de malaises plus profonds: c'est un signal avertisseur.

Ainsi en est-il du conflit dans l'entreprise: on a donc intérêt à entreprendre une action pour corriger la situation. Lorsqu'un employé ou un groupe d'employés manifestent des objections ou refusent même de travailler, j'ai intérêt à voir ce conflit comme le signe que quelque chose ne va pas. Et ce peut être le début d'une exploration précieuse des raisons profondes du mécontentement. Cela me permettra alors, une fois trouvées les explications, de corriger les maux à leurs racines même, pour en arriver, par une action appropriée, à maintenir ou à recréer l'adhésion intérieure de chacun des employés si nécessaire à une réalisation valable des objectifs de l'entreprise.

J'ai donc intérêt à voir le conflit comme aussi normal et nécessaire que l'est la douleur pour le corps humain. Si j'essaie de supprimer toute expression de conflit et si je ne permets jamais aucune objection ni aucune opposition à mon autorité, mes subordonnés en viendront à penser que ça ne sert à rien de m'alerter de ce qui ne va pas puisque, lorsqu'ils le font, cela se retourne contre eux.

Encore là, j'ai intérêt à améliorer mon approche psychologique en me disant que les autres ont le droit d'avoir des objections; ils ont le droit de s'opposer à moi et ils ont même le droit de refuser de travailler, car je ne suis pas un dieu pour que les autres soient obligés de m'obéir. Mais, me direz-vous, ce n'est pas de cette façon que les objectifs de l'entreprise vont se réaliser! Non, bien sûr, du moins pas à cette étape, mais c'est néanmoins une étape essentielle et antérieure à l'action que je vais entreprendre pour que les objectifs de l'entreprise se réalisent. C'est l'étape qui me permet de maintenir ou de recréer ma stabilité émotive, stabilité tellement importante pour l'efficacité de l'action ultérieure. Car si je me dis que les autres n'ont pas le droit de s'opposer à moi, que c'est trop injuste, que c'est même immoral, je ferai une colère ou une dépression, ce qui n'avance à rien. Tandis que si je me dis que les autres ont le droit de s'opposer à moi et même de me désobéir, que cela relève de leur liberté de personne humaine, je ne peux de ce fait développer d'agressivité et d'hostilité à leur égard.

Je me tourne alors vers les objectifs de l'entreprise comme critère moral pour orienter mon action et j'analyse les gestes de mes opposants en regard de ces objectifs. Je me demande: est-ce qu'ils contribuent au bon accomplissement des objectifs de l'entreprise? Si oui, le conflit aura alors projeté un éclairage nouveau me permettant de réorienter mon action, et je donne raison aux opposants. Si, par ailleurs, les gestes de mon opposant tendent à nuire aux objectifs de l'entreprise, je me dirai qu'il a parfaitement le droit de poser de tels gestes, comme personne humaine, et je ne puis alors être en colère contre lui, conservant ainsi ma stabilité émotive; toutefois, s'il choisit de demeurer un employé de l'entreprise, il doit se soumettre à ses objectifs et concourir à leur accomplissement. Je pourrai alors l'avertir, en toute sérénité, qu'il a parfaitement le droit, comme personne humaine, de s'opposer ou même de désobéir, et que je ne peux lui en vouloir d'exercer sa liberté. Toutefois, je lui dirai également qu'il a choisi d'être un employé de l'entreprise et que son choix personnel implique qu'il en assume les conséquences, soit de réaliser les objectifs de l'entreprise. Si son choix demeure toujours le même, je l'avertis formellement qu'il aura à se conformer aux objectifs de l'entreprise. Mon avertissement pourra se faire de façon verbale ou écrite, ou même sous forme d'une suspension pour démontrer une grande fermeté dans cette affaire. Jamais cette position ne sera agressive, hostile ou vindicative. C'est un avantage fantastique de penser comme ça, car c'est le moyen le plus sûr de toujours maintenir ou recréer sa stabilité émotive pour une action plus efficace.

C'est donc premièrement une question d'attitude à l'égard de l'autre, de respect et d'empathie, mais aussi d'intérêt personnel puisque ça me permet de maintenir ma stabilité émotive. Pour découvrir ce qui se cache derrière le mécontentement qui m'est exprimé, la raison profonde de ce mécontentement, je pourrai utiliser les techniques les plus diverses. Si mon attitude est positive, ces techniques aboutiront au résultat désiré tout simplement parce que l'autre s'apercevra qu'elles sont fondées sur une grande authenticité. Ainsi, je pourrai poser à mon opposant des questions ouvertes, celles qui ne se répondent pas par un oui ou par un non, mais qui amènent la personne à décrire ce qu'elle ressent, pour l'amener à révéler vraiment ce qui ne va pas. Mon interlocuteur sera incité à parler parce qu'il sent que je l'écoute, que je suis présent à ce qu'il me dit, que je m'intéresse vraiment à ce qu'il me révèle. Et ce sera vrai que j'y prends intérêt car il y va de mon intérêt personnel. Je pourrai utiliser la reformulation, qui consiste à reprendre en mes propres mots ce que mon interlocuteur vient de me dire, témoignant alors d'une attitude d'écoute. Et il y a d'autres techniques aussi valables les unes que les autres.

Ce qui est important à retenir, c'est que de telles techniques ne tiennent pas si l'attitude positive n'y est pas, si elles ne sont pas fondées sur l'authenticité. On a vu, au Québec, il y a quelques années, le cas d'un enfant maltraité par ses parents dont l'un était psychiatre et l'autre pédiatre. Ce cas fut rapporté, de façon anonyme, par les journaux. Or, il s'agissait de deux "professionnels" dont la profession est éminemment centrée sur l'humain. Ces "professionnels" connaissaient sûrement, pour les avoir apprises à l'université, de très belles techniques, très utiles, mais ces techniques ne valent rien si l'attitude intérieure n'y est pas, si on ne donne pas le droit à l'autre d'être différent, si on ne le respecte pas. C'est pourquoi je dis que ces deux "professionnels" n'étaient pas de vrais professionnels, car ils n'avaient pas intériorisé cette attitude si nécessaire à l'accomplissement de sa profession. Le professionnalisme n'est pas d'abord une question de diplôme. Vous rencontrez, dans la vie de tous les jours, des non-diplômés qui sont bien plus professionnels que certains diplômés universitaires, car ils en sont arrivés à posséder leur profession, à la maîtriser par une attitude intérieure, à en vivre parce qu'ils y croient, parce qu'ils sont authentiques et parce que les techniques qu'ils utilisent extérieurement sont un reflet fidèle de ce qu'ils pensent intérieurement. Car les techniques, même les plus belles, ne tiennent pas longtemps quand l'attitude intérieure n'y est pas.

Certains gestionnaires sont très prompts à donner des ordres. Or, s'ils pensaient à chaque instant que l'autre en face d'eux a le droit d'être différent, le phénomène d'empathie jouerait davantage. Ils seraient portés à mieux écouter et à se mettre à la place de l'autre; ils seraient amenés à susciter chez l'autre une plus grande participation. Ainsi, l'"ordre" formel ne serait utilisé qu'en dernier recours, comme une mesure d'exception à laquelle on doit faire appel de temps en temps, lorsque les objectifs à réaliser requièrent cette fermeté devant le refus de certains employés de les accomplir.

Dans l'ensemble, le traitement des conflits dans l'entreprise est d'abord et avant tout une question de climat, climat d'authenticité et de vérité, climat de respect et de coopération. Ce climat est basé sur une attitude intérieure reconnaissant à l'autre le droit de penser comme il l'entend et d'être différent, en un mot d'être lui-même. Les objectifs de l'entreprise s'accomplissent bien mieux dans le respect des employés qui y travaillent.

Le gestionnaire étant un vendeur d'idées, il aura intérêt à emprunter parfois certaines des techniques utilisées dans la vente devant un client qui refuse même d'écouter le boniment du vendeur. Que fait alors le vendeur? Il ne doit sûrement pas devenir hostile vis-à-vis du client. Il doit se dire que ce client a entièrement le droit de ne pas acheter son produit, mais il sait aussi qu'il a intérêt à ignorer son refus, tout en essayant de le faire parler pour en connaître les raisons profondes. Une fois mis au courant de ses motifs, il pourra peut-être lui démontrer l'intérêt qu'il aurait à acheter le produit en question. Ainsi, le vendeur efficace est celui qui démontre un souci véritable de l'intérêt du client et qui est même capable de lui dire, s'il constate que son produit ne répond vraiment pas aux attentes du client, que ce n'est pas le type de produit qu'il lui faut. Il aura peut-être perdu une vente, sur le moment, mais il aura gagné la confiance du client, ce qui lui amènera peut-être de nombreuses ventes futures. Donc, pour un gestionnaire comme pour un vendeur, il est très important d'être à l'écoute de ce que l'autre pense et de découvrir ses intérêts pour essayer d'y répondre.

C'est ainsi qu'on devient une autorité respectée, en insistant davantage sur l'aide qu'on peut apporter à ses subordonnés que sur l'autorité que l'on détient. Mieux vaut *être* une autorité que d'*avoir* de l'autorité. La personne qui invoque toujours son autorité de patron pour se faire obéir souffre d'un sentiment d'insécurité et n'a pas encore compris qu'il vaut mieux faire appel aux intérêts des employés et les guider ainsi vers les objectifs de l'entreprise.

En insistant trop sur l'autorité qu'on a et en utilisant les "ordres" formels de façon régulière, peut-être récoltera-t-on l'obéissance formelle, mais peut-être aussi récoltera-t-on certaines attitudes qui sont très près de la désobéissance, c'est-à-dire des fuites loin d'un travail qui manque d'intérêt: absentéisme, diminution de productivité, roulement de personnel, etc.

Marcel, comme je vous l'ai expliqué dans le chapitre précédent, était donc devenu depuis quelque temps déjà un adepte de la confrontation et un mordu de la philosophie émotivo-rationnelle. Ce qui ne veut pas dire pour autant qu'il était complètement libéré des tendances et des habitudes de penser acquises dans sa tendre enfance. Un jour qu'il était à décrire un nouveau travail à un jeune homme et à lui en confier le mandat, ce dernier refusa net de faire le travail demandé. Marcel m'avoua par la suite qu'il bouillait de colère devant ce refus de travailler. Il me dit même que, n'eût été l'habitude qu'il avait prise de s'entraîner psychologiquement grâce à la confrontation, il aurait alors fait une de ces colères. Sur le moment, il se retint toutefois et dit au jeune homme: "Tu peux partir; je te reverrai demain.", car s'il s'était écouté, il l'aurait alors écrasé contre le mur.

Arrivé chez lui le soir, Marcel couvait encore sa colère et ressentait beaucoup d'hostilité envers le jeune homme en question. Il ne s'apaisa vraiment que lorsqu'il décida de prendre un crayon et un papier et de faire une confrontation écrite. Il avait, bien sûr, tenté à plusieurs reprises de se confronter mentalement au cours de la journée, mais son hostilité n'en avait été que légèrement atténuée. Cela s'explique par le fait qu'il n'arrivait pas vraiment à croire à ce qu'il reconnaissait comme étant la réalité et que ses idées irréalistes gardaient le dessus. Procéder à une confrontation écrite clarifie alors grandement les idées et renforce d'autant la confrontation.

Quel est donc l'événement, se dit-il, qui a été l'occasion de mon sentiment hostile? C'est, bien sûr, le refus de travailler d'un jeune effronté. Comme il avait utilisé le mot effronté pour simplement énoncer un événement, il s'aperçut que ce mot faisait partie de ses idées irréalistes et ne pouvait donc être utilisé. Il le biffa.

Quelles sont les idées irréalistes qui ont habité et habitent encore mon esprit et qui causent un tel désordre émotif? C'est que je pense que ce jeune homme n'avait pas le droit de me refuser ce travail; que c'est abominable, effroyable et inacceptable de défier ainsi l'autorité; que je ne mérite pas un tel affront après tous les services que j'ai rendus à ce jeune homme; que ça prend un effronté de la pire espèce pour oser ainsi m'affronter; qu'il faut que je sois adulé et aimé de mes subordonnés et que je ne peux tolérer qu'un jeune insolent vienne ainsi briser cette règle qui doit être générale.

Et quelle est la réalité? La réalité, c'est que ce jeune homme a parfaitement le droit de refuser ce travail. Il a parfaitement le droit de me désobéir. Il n'a fait qu'exercer sa liberté de personne humaine autonome. Il a fait son choix, comme chacun peut faire des choix, avec la responsabilité d'en assumer les conséquences. C'est peut-être désagréable pour moi d'essuyer un refus, mais ce ne peut en aucune façon être abominable et effroyable puisqu'une telle chose est une réalité. Il n'y a rien qui dit qu'une telle chose ne doive jamais se produire pour moi alors qu'elle se produit pour d'autres. Et comme je considère qu'une telle chose est normale quand elle arrive aux autres, pourquoi serait-elle anormale, effroyable et abominable quand elle m'arrive à moi? La réalité, c'est que je ne mérite rien, peu importe les services que j'ai déjà rendus dans le passé à ce jeune homme: la réalité est plutôt que ce qui arrive arrive, et rien ne dit que cela ne doit pas arriver. Je ne suis ni un intouchable ni une autorité sacrée: je ne suis qu'un être humain, faillible comme n'importe quel être humain, et à qui les autres ne sont pas obligés de faire plaisir. La réalité est que ce jeune homme n'est ni un effronté, ni un insolent, ni un désobéissant, puisque pour être tel il devrait accomplir uniquement et rien d'autre que des actes d'effronté, d'insolent et de désobéissant, ce qui n'est évidemment pas le cas. La réalité est aussi qu'il n'existe pas de loi imposant que je sois adulé et aimé de mes subordonnés ou de toute autre personne dans la vie. Chacun a le droit d'aimer ou de détester qui il veut. Et ça ne change rien, de toute façon, à mon existence de ne pas être aimé de quelques personnes. Il n'y a là rien d'intolérable puisque, autrement, tous ceux qui ne sont pas aimés par d'autres personnes dans la vie mourraient aussitôt, incapables de tolérer la haine ou l'indifférence des autres.

C'est ainsi que Marcel poursuivit sa confrontation. Il me raconta que, aussitôt, son agressivité et sa colère laissèrent place à une grande paix, un grand calme intérieur. Il avait retrouvé sa stabilité émotive. Oh! il ressentait bien encore quelque agacement en pensant à cet événement, mais son désordre émotif avait vraiment disparu. Il avait la force que procure un bon entraînement psychologique et pouvait dès lors se poser les bonnes questions, avec une bonne maîtrise de soi.

Il passa à l'étape suivante. Il se posa la question fondamentale: est-ce que le comportement du jeune homme, c'est-à-dire son refus de travailler, fait avancer mon entreprise dans la réalisation de ses objectifs? Il en conclut par la négative. Que dois-je donc faire, se demanda-t-il, devant un acte qui se révèle inopportun dans la réalisation des objectifs de la compagnie? Je ferai savoir à ce jeune homme, avec la plus grande fermeté mais sans aucune agressivité, que les objectifs de la compagnie ne permettent pas un tel refus et qu'il doit se conformer à ces objectifs si son choix demeure toujours de travailler pour la compagnie; qu'un tel refus de travailler, s'il est maintenu, pourra encourir des mesures disciplinaires, et même le congédiement, et que cela relève de ma décision.

Marcel était donc dégagé de toute hostilité vis-à-vis du jeune homme, mais il était par ailleurs fermement décidé à poursuivre les objectifs de la compagnie. Ainsi, en meilleure possession de lui-même, il rencontra le jeune homme en question dès le lendemain. Il lui demanda alors ce qui l'avait amené à un tel refus. Le jeune homme, voyant bien qu'il était disposé à l'écouter, lui raconta qu'il avait peur de ne pas être assez habile pour accomplir ce nouveau travail et qu'il estimait même ce travail dangereux pour lui. Marcel lui demanda quelles étaient les améliorations qui pourraient lui rendre ce travail acceptable. Il fut surpris de constater que les améliorations demandées par le jeune homme étaient tout à fait mineures et faciles à réaliser. Tous deux sortirent heureux de cette nouvelle rencontre.

J'en conclus donc que les conflits sont tout à fait normaux et même souhaitables dans l'entreprise. Ils sont révélateurs de malaises qu'il est important de déceler et d'éliminer, si possible. Devant le conflit, une attitude d'hostilité envers les autres n'est jamais souhaitable: elle empêche même le développement et l'adoption de véritables solutions.

Chapitre VIII

J'évalue mes subordonnés

Je me rappelle bien une des premières évaluations du rendement du personnel que j'ai faites. Il s'agissait d'un employé qui me donnait l'impression qu'il convoitait mon poste. Nous étions en conflit de personnalité assez évident. Il ne perdait aucune chance de me montrer qu'il en savait plus que moi et que ses années d'expérience dans l'entreprise l'auraient qualifié pour occuper mon poste. Il prenait parfois des initiatives dépassant largement son pouvoir et je devais alors le ramener à l'ordre. Il était toutefois un gros travailleur et avait à coeur les objectifs de l'entreprise. Comme il était mon subordonné, la procédure prévoyait que j'évalue le rendement au travail, une fois dans l'année. J'entrepris de le faire de mauvaise grâce, puisqu'il le fallait... À chaque point prévu dans le formulaire: "qualité du travail", "quantité de travail", "initiative", etc., je me disais: "Tu n'es pas porté à l'évaluer très justement: c'est sûrement à cause de ton conflit de personnalité avec lui" et, sous prétexte d'être objectif et de passer outre à mes sentiments personnels, je lui donnais chaque fois une des meilleures cotes prévues. De telle sorte que cet employé se retrouva finalement avec une excellente évaluation alors que ses résultats étaient plutôt moyens. Mon désir d'être objectif et de ne pas agir par vengeance m'avait conduit à l'excès contraire.

Aujourd'hui, après avoir appliqué les principes de la philosophie émotivo-rationnelle à l'évaluation du personnel, je constate que ces principes rejoignent très bien les principes de Peter Drucker et de Douglas McGregor.

La philosophie émotivo-rationnelle prêche en effet la distinction entre les personnes et leurs actes, les personnes gardant une valeur qui demeure toujours la même, peu importe leurs actes, et les actes pouvant être qualifiés d'opportuns ou d'inopportuns en regard des objectifs poursuivis par une société, un organisme ou une entreprise. Or, le problème que l'on rencontre le plus souvent dans le processus d'évaluation du rendement est que celui qui évalue pense souvent qu'il doit évaluer l'individu plutôt que ses résultats. Il sait qu'il s'érige alors en juge et en dieu devant les employés à évaluer. C'est pourquoi il a souvent peur de blâmer l'individu qu'il juge et il tombe souvent dans la complaisance; il arrive féquemment que, par souci d'"objectivité", comme je l'ai vécu dans le cas raconté ci-dessus, il accorde une très bonne évaluation à des individus ayant donné un mauvais rendement.

Encore ici intervient donc un problème de conditionnement psychologique. Vous vous rappelez que nous avons discuté, dans le chapitre précédent, d'êtres humains ayant toujours la même valeur et qui ont comme forces un ensemble de qualités physiques et psychologiques pour les mener vers les objectifs qu'ils poursuivent. Leur action vise les objectifs de l'entreprise, et les actes qui sont dans le sens de la réalisation de ces objectifs sont qualifiés d'opportuns alors que ceux qui empêchent la réalisation de ces objectifs sont qualifiés d'inopportuns. Reprenons ce raisonnement sous forme de schéma.

Ce schéma nous montre que nos forces facilitent notre action et nous permettent de réaliser nos objectifs. On voit aussi, dans ce schéma, que les personnes humaines ont toujours la même valeur, peu importe leurs actes: il y a une distinction très nette entre des actes qui peuvent être opportuns ou inopportuns et des personnes humaines qui gardent toujours la même valeur et sont toutes égales entre elles.

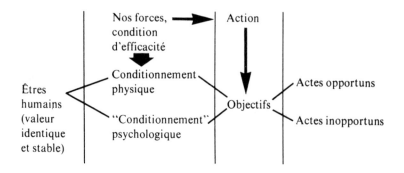

Appliquons ce raisonnement au cas d'évaluation décrit en début de chapitre. Si je m'étais d'abord préoccupé de chasser toute haine ou rancoeur de mon esprit, en m'y entraînant psychologiquement, j'aurais alors retrouvé ma stabilité émotive et j'aurais été prêt à évaluer vraiment les actes de mon subordonné. Par la confrontation, je peux me dire qu'il a parfaitement le droit d'agir comme il le fait, et je ne peux alors lui en vouloir et succomber à l'agressivité, l'hostilité, la dépression et à des conflits de personnalité. Par ailleurs, je puis très bien désapprouver les actes qu'il pose et les trouver non conformes aux objectifs de l'entreprise. C'est alors clairement les résultats que j'évalue, et jamais la personne, car je ne suis pas propriétaire de cette personne, et mon entreprise non plus. Seuls les actes posés comme employés d'une entreprise peuvent être évalués par l'entreprise selon leur degré de conformité à la réalisation de ses objectifs. Ce sont les actes qui sont évalués, jamais la personne. Voilà où se trouvait mon erreur: je n'avais pas su me dégager de la personne et être véritablement objectif dans mon évaluation. Et je n'avais pas su me dégager de l'évaluation de la personne tout simplement parce que je n'avais pas utilisé, ne le connaissant pas, ce processus merveilleux de la confrontation pour une meilleure préparation psychologique.

Peter Drucker ayant introduit dans l'administration la notion de gestion par les objectifs, Douglas McGregor a très bien appliqué cette notion à l'évaluation du rendement. Le processus est assez simple: le supérieur et le subordonné établissent ensemble les objectifs du subordonné pour une période à venir, puis ils évaluent ensemble, à la fin de la période, les résultats obtenus en regard des objectifs établis. De la sorte, il ne peut y avoir d'évaluation de la personne: les deux interlocuteurs discutent strictement des résultats. La relation du supérieur au subordonné est vue sous l'angle de la relation d'aide plutôt que sous l'angle d'une relation de commandement, d'un point de vue empathique plutôt que d'un point de vue de juge ou d'inquisiteur cherchant à blâmer ou à punir. Ce qui est requis, pour bien faire fonctionner ce modèle, c'est une bonne préparation psychologique de celui qui évalue, lequel a avantage à se répéter que l'autre a le droit d'être différent et que le blâme ne sert à rien, ni pour soi-même ni pour les autres.

L'erreur majeure que l'on rencontre le plus souvent chez ceux qui évaluent consiste à vouloir se faire aimer par leurs subordonnés. C'est pourquoi on retrouve tant d'évaluations dites de complaisance. Comme le supérieur et le subordonné ont, dans les deux cas, de la difficulté à distinguer entre l'évaluation du rendement et l'évaluation de la personne, ils ont tendance en majorité à fausser l'évaluation dans le sens le plus favorable au subordonné. Ce dernier veut se faire aimer et se faire dire qu'il est bon. Le supérieur veut se faire apprécier de son subordonné puisqu'il sait qu'il devra continuer à vivre avec lui après l'entrevue d'évaluation. Tous les deux sont prisonniers de leur désir de se faire aimer. C'est une tendance très forte chez les humains que de se dire qu'on a besoin que les autres nous aiment. Or, cette tendance est à l'origine de bien des erreurs de gestion des ressources humaines, notamment dans le processus d'évaluation.

Si, en effet, je me dis que je dois être aimé de mon subordonné, que j'ai besoin qu'il m'apprécie et me garde toute sa considération, mon critère d'action s'éloigne de ce qu'il devrait être, soit l'objectif général de l'entreprise. Et si mon subordonné me déteste, suite par exemple à une mauvaise évaluation de lui que je viens de faire, je serai porté à me dire: Oh, que ce sera affreux et abominable qu'il me déteste! Comment pourrai-je encore travailler avec lui! Et peut-être en parlera-t-il à ses collègues de travail qui me détesteront à leur tour. Personne ne m'aimera et il me deviendra impossible de continuer à travailler ici!... Avec de telles idées en tête, comment pourrais-je donc en arriver à une évaluation objective et réaliste? Mieux vaut donc d'abord me préparer psychologiquement en me répétant des idées réalistes telles les suivantes: Je n'ai besoin de l'amour de personne pour vivre. Quand je procède à une évaluation, je n'évalue aucunement une personne, mais seulement ses actes. Si cette personne me déteste alors et que moi je ne lui en veux pas, c'est son problème, pas le mien. Et si elle parle contre moi à d'autres employés et que ces derniers en arrivent à me détester eux aussi, c'est encore leur problème, pas le mien. Et ce ne peut en aucune façon être abominable et effrayant.

En refusant d'évaluer les personnes, mais en m'attachant plutôt à évaluer leurs actes, j'amène ces personnes à profiter de leurs erreurs pour améliorer leur rendement. Je ne les blâme pas, le blâme ne servant qu'à engendrer la rancune, la colère et la dépression, car il s'ajoute alors aux reproches que la plupart d'entre nous se font eux-mêmes. En insistant plutôt sur leurs forces, j'en fais un tremplin pour leur action future.

Si, par ailleurs, j'insiste sur l'évaluation des personnes, il se produit souvent ce genre d'erreur qui consiste à me prendre moi-même comme critère de mesure. Je me dis que les autres doivent être comme je suis, penser comme je pense, agir comme j'agis et utiliser les mêmes méthodes. Je ne leur donne pas le droit d'être différents.

De plus, celui qui évalue oublie trop souvent que le rendement de ses subordonnés dépend en fait énormément de l'aide que lui-même a su leur apporter dans son travail quotidien de gestionnaire. C'est pourquoi certaines entreprises auraient avantage à étudier les évaluations faites par leurs gestionnaires pour mieux savoir ce qu'ils font pour aider leurs subordonnés. De fait, l'entrevue d'évaluation peut être l'occasion d'un retour sur soi-même, autant pour le supérieur que pour le subordonné.

Un dernier danger des évaluations, lorsqu'elles sont vues comme des évaluations des personnes, consiste en des comparaisons odieuses entre individus. On insinue qu'un employé devrait faire comme tel autre et constamment chercher à dépasser les autres. On institue alors un système de concurrence ardue où chacun cherchera à faire mieux que l'autre plutôt que de chercher tout simplement à canaliser ses efforts à lui, sans se comparer à d'autres, vers les objectifs de l'entreprise et plutôt que de s'orienter vers la réalisation de soi-même et des autres, dans la réalisation des objectifs de l'entreprise.

J'ai donc intérêt, comme gestionnaire, à distinguer clairement les personnes de leurs actes, à faire participer mon subordonné au choix de ses objectifs pour en évaluer ensemble les résultats et à me préparer psychologiquement avant de procéder à une évaluation.

J'ajouterais même que, si je me sens envahi par des sentiments de colère ou de vengeance avant de procéder à une évaluation ou à une entrevue d'évaluation, il vaudrait mieux retarder l'entrevue jusqu'à ce que j'aie regagné ma stabilité émotive grâce à des confrontations répétées.

Après avoir acquis l'habitude de la confrontation, je pris également l'habitude de me préparer psychologiquement à chaque évaluation. Voici comment je me préparai, un jour, à l'évaluation annuelle de Marcel, dont je vous ai raconté quelque peu l'histoire dans les deux chapitres précédents. Je suivis pour ce faire le processus habituel de la confrontation: événement, idées irréalistes et réalité.

Je me posai d'abord cette première question: y a-t-il eu, au cours de cette dernière année, des événements dans lesquels Marcel est intervenu et qui m'ont occasionné des émotions désagréables? Je répondis oui. Il y avait eu surtout une mesure disciplinaire que Marcel avait appliquée sans me consulter. Il s'était, à un autre moment, vertement engueulé avec un des contremaîtres pour une banalité. Et, troisième cas, il avait introduit des changements importants dans ses procédures de travail sans m'en parler et sans y préparer aucunement son équipe de travail, ce qui avait entraîné une résistance considérable de leur part. De penser seulement à ces trois événements ressuscitait chez moi une certaine agressivité, bien atténuée il est vrai, mais il en restait quelque chose.

Aussi, je m'appliquai à trouver les idées irréalistes qui étaient à l'origine de cette agressivité. Je croyais que Marcel n'avait pas le droit d'appliquer des mesures disciplinaires sans m'en parler, que cela était abominable et inacceptable; qu'il était stupide de soulever des querelles interminables, pour des vétilles, avec d'autres gestionnaires; et que, finalement, il était dénué de jugement en introduisant, sans me consulter, des changements importants dans ses procédures de travail, car j'aurais alors pu l'aider à éviter des erreurs coûteuses.

Et quelle est, me demandai-je la réalité, qui contredit ces idées irréalistes? Eh bien, Marcel avait entièrement le droit, comme personne humaine, d'appliquer des mesures disciplinaires sans m'en parler, et cela, même s'il est prévu dans la procédure qu'il peut demander conseil à son supérieur immédiat en plus de communiquer directement avec le spécialiste du personnel; cela peut être désagréable pour moi, mais ça n'est pas pour autant une catastrophe et une abomination. Le fait de soulever des querelles interminables, pour des vétilles, avec d'autres gestionnaires était définitivement un acte stupide qui ne contribuait sûrement pas à l'aider dans la poursuite de ses objectifs, mais cela ne faisait pas pour autant de Marcel un être stupide puisque, dans l'ensemble, ses résultats étaient bons. Quant aux changements importants apportés dans ses procédures de travail, sans me consulter, cela constituait un acte irréfléchi et malheureux, désagréable pour moi, mais cela ne faisait pas pour autant de Marcel un être totalement dénué de jugement car il faudrait alors qu'il manque de jugement dans toutes les situations de sa vie, même dans les plus simples et les plus banales, et cela sans aucune exception, ce qui risque fort peu de se produire.

Réfléchissant ainsi aux événements qui avaient suscité chez moi une certaine agressivité à l'égard de Marcel au cours de la dernière année, j'en venais de plus en plus à accepter que Marcel soit un être humain imparfait, comme tout être humain, qu'il lui arrive de se comporter de façon stupide, comme cela arrive à tous les humains, mais que cela n'en faisait pas pour autant un gestionnaire stupide et incompétent. Ces pensées me préparaient bien mentalement à une évaluation du rendement de Marcel, car j'en étais vraiment rendu à oublier presque la personne pour me centrer sur les résultats.

Je me posai alors la question à savoir si les résultats obtenus par Marcel, avec son équipe, étaient excellents, moyens ou mauvais. J'en conclus qu'ils étaient moyens. Marcel devait donc avoir de très grandes forces pour réussir ainsi à obtenir des résultats moyens alors qu'il posait autant de gestes stupides. Je cherchai à insister sur ses forces, comme le conseille si bien Peter Drucker (*The Effective Executive*, page 71) et je trouvai qu'elles étaient formidables. C'est d'ailleurs à partir de ce moment que je décidai qu'il était urgent de mettre en valeur de telles forces et que j'entrepris de l'aider à découvrir ce qui l'empêchait de les déployer pleinement. Et c'est à ce moment que Marcel découvrit peu à peu les bienfaits de la confrontation et qu'il en vint à maîtriser assez bien son hostilité et à atténuer considérablement sa rigidité. Il en était plus heureux personnellement et son travail devenait de plus en plus efficace.

J'en conclus donc que, dans l'évaluation du rendement du personnel, il est très important, comme d'ailleurs partout dans la vie, de faire une distinction très claire entre les personnes et leurs actes. Il est primordial de bien se préparer psychologiquement pour procéder de façon efficace à une évaluation et pour que celle-ci se fasse sans hostilité ni esprit de vengeance, mais sans par ailleurs tomber dans le travers le plus fréquent de vouloir à tout prix se faire aimer. Encore une fois, mon critère d'action, dans l'entreprise, est l'accomplissement des objectifs de cette entreprise. Les résultats obtenus sont-ils dans la ligne des objectifs fixés? Quelles sont les forces de l'employé dont j'ai à évaluer le rendement? Quels sont les empêchements au plein déploiement de ces forces? Et que puis-je faire, comme gestionnaire, responsable en partie de l'orientation de la force de travail de cet employé, pour l'aider à mieux mettre en valeur ses forces? On voit ainsi que le processus d'évaluation du rendement du personnel vise à évaluer aussi bien l'aide apportée par le supérieur immédiat à l'employé dont le rendement est évalué que le rendement de l'employé lui-même.

Chapitre IX

Je punis mes subordonnés

Sa secrétaire ne classait même pas ses documents de façon appropriée. Elle attendait qu'on lui dise quoi faire, dans le détail, avant de bouger le petit doigt. Elle ne relisait pas les textes qu'elle dactylographiait, de sorte qu'on y retrouvait des erreurs grossières lorsqu'elle les présentait à Claude, un confrère de mon club social. Claude était fonctionnaire de carrière. Il travaillait dur, et ses travaux nécessitaient à l'occasion la rédaction de longs rapports qu'il s'astreignait à rédiger au complet à la main, plutôt que de les dicter en sténographie selon sa préférence, car sa secrétaire reproduisait ses dictées avec tellement d'erreurs qu'il s'en arrachait les cheveux. Or, même ses textes écrits à la main étaient reproduits incorrectement, et il devait souvent en faire reprendre de longues parties.

Cette secrétaire travaillait au service de Claude depuis déjà plus de huit mois lorsqu'il m'en parla. Il l'avait choisie, suite à la démission de sa première secrétaire, parmi plusieurs candidates à la mutation. Elle était belle, se présentait bien et avait des explications plausibles pour chacune de ses mutations, au nombre de trois à l'intérieur du milieu spécialisé dans lequel Claude travaillait. Comme Claude n'avait même pas demandé de recommandations de ses collègues qui l'avaient déjà employée, et qu'eux-mêmes avaient été à tour de rôle très heureux de s'en débarrasser, ce n'est qu'après l'avoir acceptée qu'il apprit que chacun avait vécu exactement les mêmes problèmes. Or, elle avait un dossier presque vierge au bureau du personnel, un seul avertissement écrit lui ayant déjà été donné. Cet avertissement avait trait à de nombreux retards qu'elle avait accumulés, et cet aspect de son comportement s'était amélioré, même si quelques retards étaient encore occasionnellement signalés.

Claude en était venu, au cours de ces huit mois, à interpréter comme une attaque personnelle le comportement de sa secrétaire, d'autant plus qu'elle semblait le narguer en prolongeant de nombreux appels téléphoniques personnels pendant que son travail attendait. Elle négligeait de commander le matériel de base essentiel au bon fonctionnement du bureau, et rien n'était commandé si Claude lui-même n'y mettait la main. Pourtant il avait autre chose à faire et c'était si simple! Claude devait également vérifier le détail de ses comptes de dépenses pour s'assurer que les additions étaient correctes, car la comptabilité avait déjà corrigé un compte que Claude avait eu l'imprudence de signer sans vérifier les additions. Même les mises à jour d'abonnements dormaient sur les tablettes jusqu'à une demande spécifique de Claude, et encore en est-il venu à préférer procéder lui-même aux mises à jour pour s'assurer qu'elles seraient bien faites.

Au début, quand Claude apprit que cette secrétaire avait agi de la même façon auprès de ses trois supérieurs immédiats précédents, il se dit que lui réussirait là où les autres avaient échoué. Il pensait qu'à force de compréhension et de délicatesse, il réussirait à la convaincre de changer son comportement. Claude ne pouvait supporter de se faire détester par la personne avec qui il entretenait les contacts les plus étroits dans son milieu de travail, en l'occurrence sa secrétaire. Or, pour se faire aimer, et c'était pour lui une nécessité, il ne pouvait bien sûr demander des mesures disciplinaires, car une telle démarche punirait sa secrétaire, et il se refusait à toute punition, voulant plutôt faire appel à la compréhension et au dialogue.

Il s'arma donc de patience, lui exprima ses désirs et les répéta inlassablement, corrigea ses erreurs de dactylographie en relisant ses textes avec le plus grand soin et en lui demandant de les reprendre, après explications. Il établit des échéanciers de commandes pour s'assurer que le matériel requis serait toujours disponible. Il lui expliqua à plusieurs reprises que ses appels téléphoniques personnels, qui s'éternisaient, empêchaient peut-être souvent la réception d'appels téléphoniques importants... Son comportement ne changeait toujours pas et Claude était convaincu que ce n'était pas par manque d'intelligence. Il en vint à interpréter ce comportement comme de la provocation et il se dit qu'il obtiendrait peut-être par la crainte ce qu'il n'avait pu obtenir par la douceur.

Il commença donc à lui faire la vie dure et à l'engueuler à tout propos, critiquant chacune de ses erreurs, l'accusant de négligence, d'incompétence et de manque d'égards et de respect envers lui-même, son patron. Mais il ne voulait toujours pas avoir recours à des mesures disciplinaires car il craignait pour sa réputation de bon patron. Il craignait qu'on dise de lui qu'il ne savait pas se faire aimer et qu'il était incapable de diriger son personnel sans avoir recours à des punitions telles que les mesures disciplinaires.

La situation en était là lorsqu'il m'en parla au club social. Je me permis alors de lui indiquer la voie que l'on adopterait, suivant l'approche émotivo-rationnelle, pour faire face à un tel problème.

Il avait d'abord à rétablir en lui-même une bonne stabilité émotive devant la situation, pour faire en sorte qu'elle ne soit pas aussi bouleversante. Claude avait ainsi avantage à se dire que sa secrétaire était entièrement libre de ses actes, libre et responsable de ses choix, et qu'elle devait en supporter les conséquences. En lui reconnaissant ce droit, et cela au plus profond de son esprit, Claude ne pouvait conserver bien longtemps son agressivité et son hostilité à l'égard de sa secrétaire, recouvrant ainsi la maîtrise de soi tellement utile dans la gestion des ressources humaines.

Une fois atteinte cette stabilité émotive, ou à tout le moins un minimum de stabilité émotive devant cette situation, Claude avait intérêt à se poser la question: Est-ce que le comportement de ma secrétaire, comme employée de mon organisation, va dans le sens des objectifs de l'organisation? Dans ce cas, il était évident que le comportement de cette secrétaire allait carrément à l'encontre des objectifs de l'organisation, et cela indépendamment de la personnalité de Claude.

La question suivante à se poser était donc: quels actes seraient opportuns pour orienter le comportement de ma secrétaire vers les objectifs de l'organisation?

Aujourd'hui, les mesures disciplinaires sont souvent interprétées comme des punitions par les gestionnaires, et même par plusieurs spécialistes en relations de travail. Il suffit de prendre connaissance de quelques conventions collectives pour y constater l'existence d'un esprit punitif assez fort: les mots "faute", "réprimande" et "sanction" y reviennent très souvent. Quant on croit à la liberté des êtres humains que l'on dirige, quand on croit à la liberté de chacun de faire ses choix, avec la responsabilité d'en assumer les conséquences, de tels mots sonnent à nos oreilles comme de durs anachronismes. Ne serait-il pas en effet préférable, pour éviter la culpabilité, l'agressivité et l'hostilité, de considérer simplement que tous les êtres humains ont la liberté de choisir leurs actes et la responsabilité d'en assumer les conséquences, et que si ces actes ne répondent pas aux objectifs de l'organisation, il y a lieu d'en avertir leurs auteurs puisqu'ils ont pris l'engagement, en acceptant cet emploi, de respecter les objectifs de l'organisation? Les mesures disciplinaires s'inscrivent ainsi dans la ligne de l'accomplissement des objectifs de l'organisation comme des avertissements, sans plus, avertissements plus ou moins sévères suivant le cas, mais avertissements quand même. Il y a presque toujours progression de l'avertissement verbal à l'avertissement écrit, puis à l'avertissement très sérieux que constitue la suspension.

De la sorte, on avertit un employé qu'il y va de son intérêt de respecter les objectifs de l'organisation pour laquelle il travaille. S'il persiste dans son comportement inopportun, eu égard aux objectifs de l'organisation, on lui signale l'importance des objectifs et notre propre fermeté par un avertissement de plus en plus sérieux, incluant la suspension. Les mesures disciplinaires ne constituent aucunement des punitions ou des vengeances, mais des avertissements. Le congédiement représente alors la décision de l'employé concerné de quitter son emploi, et non pas une décision de l'employeur. Si, en effet, un employé, après plusieurs avertissements qui lui rappellent les objectifs de son organisation et leur importance, persiste dans un comportement qui contrecarre systématiquement l'accomplissement de ces objectifs, c'est qu'il a fait son choix de quitter l'entreprise puisqu'il ne veut plus travailler à la réalisation de ses objectifs, et il ne peut s'en prendre qu'à lui-même s'il aboutit à son propre congédiement.

Une telle philosophie des mesures disciplinaires permet de les administrer avec la plus grande fermeté, dans le respect des objectifs de l'organisation et des êtres humains qui composent cette organisation.

Claude comprit tout cela, et c'est alors qu'il décida de s'éloigner du double piège de vouloir se faire aimer et de vouloir se faire craindre. Il put alors demander, sans agressivité ni hostilité aucune, qu'une suspension soit signifiée à sa secrétaire pour lui indiquer qu'il ne badinait plus et qu'il était bien décidé à ce que s'accomplissent,les objectifs de son organisation. Il l'informa verbalement, de plus, que si son comportement ne changeait pas, ce serait pour lui l'indice qu'elle ne désirait pas poursuivre les objectifs de l'organisation et qu'elle témoignerait alors de son propre choix de quitter l'organisation. C'est la raison qui le motiverait, lui, à demander son congédiement, si son comportement ne changeait pas. Tout se déroula avec le plus grand respect pour sa secrétaire, car elle était libre de ses choix, mais en même temps sans agressivité ni hostilité aucune. Tout en poursuivant cette démarche, Claude me disait qu'il était convaincu d'aboutir un jour ou l'autre au congédiement de sa secrétaire. Aussi, quelle ne fut pas sa surprise de constater un changement radical dans le comportement de sa secrétaire, suite à la suspension qui lui fut donnée. Elle avait compris qu'il y allait de son intérêt personnel de contribuer à la réalisation des objectifs de l'organisation si elle voulait conserver son emploi. Et elle avait décidé qu'elle avait intérêt à garder son emploi.

Autant il est préjudiciable à l'entreprise et aux gestionnaires qui y travaillent de ne savoir agir avec fermeté pour la réalisation des objectifs de l'entreprise, autant il peut également leur être préjudiciable d'être sévères à l'excès et de faire appel à tout moment à des mesures disciplinaires. Car un excès dans les deux sens constitue un constat d'échec pour le gestionnaire, son rôle étant primordialement celui de formateur. Or, l'origine latine du mot "discipline" fait appel à cette notion de formation, *disciplina* signifiant d'abord enseignement et éducation, puis procédé d'enseignement, et enfin règle de conduite. C'est d'ailleurs au mot ''disciplines'' qu'on fait appel pour désigner les enseignements les plus divers des écoles et universités. La discipline va dans le sens de l'accomplissement de l'être humain et est évidemment à son avantage lorsqu'on parle pour chacun d'une bonne discipline personnelle. Pourquoi ce mot serait-il contaminé par le sens punitif qu'on lui donne souvent lorsqu'il s'agit d'appliquer des mesures disciplinaires? Mieux vaut alors respecter son sens étymologique de ''formation'', en lui ajoutant le caractère de fermeté et d'esprit de décision que requiert son application dans les entreprises. D'ailleurs, la formation n'a jamais été une question de mollesse et de laisser-aller, même dans le respect le plus total des individus.

Claude avait compris combien il est important de développer une pareille philosophie des mesures disciplinaires. Comme il était emballé de son succès concernant le cas de sa secrétaire, il voulut également en savoir un peu plus sur la philosophie émotivo-rationnelle, philosophie qui, bien appliquée dans la conduite de la vie, mène à une bonne maîtrise de soi, condition combien importante pour le maintien de la fermeté et de la ténacité dans la poursuite de ses objectifs. Claude devint lui-même un adepte de la philosophie émotivo-rationnelle. Peu à peu, il agit comme conseiller informel auprès de certains collègues de travail ayant quelques problèmes de discipline.

Il me raconta qu'un jour, Monique, responsable de plus de deux cents employés, lui avait présenté le problème suivant. Elle avait, parmi les quinze gestionnaires sous sa direction, deux gestionnaires qui s'étaient toujours détestés l'un l'autre et qui pourtant dirigeaient deux services complémentaires. Chacun d'eux bloquait les opérations de l'autre service, et cela créait une très mauvaise atmosphère à l'intérieur de chacun des deux services de même qu'une grande insatisfaction des employés et de la clientèle. Claude demanda alors à Monique si elle était elle-même hostile à l'un ou l'autre de ces deux gestionnaires. Monique avoua honnêtement qu'elle en préférait décidément un et que l'autre lui était quelque peu antipathique sans pour autant être moins compétent. Le seul point qui ne marchait pas concernant leur travail était cette hostilité qu'ils éprouvaient et manifestaient l'un pour l'autre et qui les empêchait d'unir leurs efforts dans la même direction.

Claude apprit alors à Monique à confronter l'antipathie qu'elle ressentait pour l'un des deux gestionnaires, ce qu'elle fit d'ailleurs avec beaucoup d'ardeur, aidée de Claude. Puis il lui dit que son seul critère d'action, une fois bien établie sa stabilité émotive, se trouvait dans les objectifs de sa division. Aussi avait-elle intérêt à se poser cette seule et unique question: "Le comportement de ces deux gestionnaires nuit-il à la poursuite et à l'atteinte des objectifs de ma division?" Elle en conclut que oui. Et elle ajouta qu'elle ne pouvait se permettre de continuer ainsi: "Leur comportement changera ou je devrai procéder à la mutation de l'un ou l'autre, à la rétrogradation de l'un ou l'autre ou peut-être même des deux." "Si tu en es là, répliqua Claude, pourquoi ne leur exposes-tu pas très clairement ce dilemme dans lequel tu te trouves, et avec beaucoup de fermeté, pour que chacun sache combien tu es sérieuse et décidée, et que tu ne reculeras pas devant des mesures énergiques, même si elles sont très difficiles à adopter?"

C'est ce que fit Monique. Elle rencontra à tour de rôle les deux gestionnaires en question, leur signifia qu'elle n'avait que faire de leurs querelles et rivalités personnelles, mais qu'elle ne pouvait permettre plus longtemps une telle hostilité dans sa division, vu que cela gênait considérablement le déroulement normal du travail. Elle avertit chacun qu'il aurait dorénavant à coopérer avec l'autre, qu'il y allait de l'intérêt de la division, mais aussi de leur intérêt personnel, car elle n'hésiterait pas un seul instant à les rétrograder tous deux ou à se départir d'eux d'une façon ou d'une autre. Elle fut très ferme dans l'énoncé de ses objectifs. Elle se dit toutefois prête à les aider à chaque instant et à écouter toutes leurs suggestions et elle leur assigna comme tâche commune de lui rédiger un programme de coopération entre les deux services, avec définition précise des tâches et des procédures de fonctionnement clairement élaborées. Cette tâche commune, avec à l'arrière-plan la détermination non équivoque de Monique, créa entre les deux gestionnaires autrefois ennemis un certain courant de communication. L'amélioration fut, selon Monique, de quatre-vingt pour cent dès le premier mois. Et les deux gestionnaires en vinrent même à travailler ensemble aussi bien qu'avec tous les autres gestionnaires de cette division. De plus, cette fermeté dont a témoigné Monique à cette occasion lui a servi par la suite, à titre d'exemple et sans même qu'elle en parle, dans bien d'autres circonstances dans la conduite de sa division. Elle avait acquis la réputation d'une personne décidée, qui sait où elle va et qui passe à l'action dans la réalisation de ses objectifs.

J'en conclus donc que, pour maintenir et développer une bonne discipline dans une organisation, il est important de ne pas voir les mesures disciplinaires comme des punitions, mais plutôt comme des avertissements indiquant clairement la fermeté dont on entend faire preuve dans la poursuite des objectifs de l'organisation. Toutefois, il n'est jamais souhaitable d'appliquer des mesures disciplinaires avec hostilité ou par esprit de vengeance, et c'est pourquoi on a avantage, encore là, à se préparer psychologiquement en ayant recours au moyen simple et merveilleux de la confrontation. Comme la fermeté est alors d'une importance capitale dans l'accomplissement des objectifs, il va de l'intérêt du gestionnaire de se méfier de deux grands obstacles à une telle fermeté: vouloir se faire aimer à tout prix et vouloir se faire craindre.

Chapitre X

Mon patron est un être immonde

Mon patron me conseillait constamment de suivre des cours pour me perfectionner. C'est ainsi que j'ai participé à des sessions intensives en relations humaines, en administration budgétaire, en planification et dans plusieurs autres domaines. Mais je me disais chaque fois que, plutôt que de me conseiller d'en suivre, il devrait lui-même aller les suivre, ces cours, car je découvrais que les meilleures façons d'administrer étaient de faire à peu près le contraire de ce qu'il faisait.

Il ne savait pas communiquer. Il déviait constamment de la ligne hiérarchique et s'adressait directement à plusieurs de mes subordonnés. Il fut un temps où j'en fulminais de rage, car je considérais qu'il ne savait pas me respecter et qu'il ne savait même pas utiliser les connaissances que j'allais chercher dans les cours que lui-même me conseillait de suivre. Il disait constamment qu'il fallait réaliser nos objectifs, mais il était le premier à s'en détourner et à créer des obstacles à leur réalisation. Il entretenait un système de "petits préférés du moment", de telle sorte que, si tu n'étais pas dans sa manche à tel moment donné, presque aucune de tes demandes ou recommandations n'étaient acceptées.

Je me disais au début que c'était effroyable et abominable, que de tels patrons ne devraient pas exister, qu'il devrait être le premier à suivre les cours qu'il me conseillait de suivre et qu'il devrait au moins appliquer ce qui lui était enseigné dans les rares sessions de formation intensives auxquelles il participait. Je me disais que c'était injuste que j'aie à travailler pour un tel patron et qu'il ne devrait pas être, en fait, le patron: je ferais bien mieux que lui si j'étais à sa place.

Puis, avec le temps, ma pratique de la philosophie émotivo-rationnelle me fit réaliser que j'avais intérêt à voir les choses sous un autre angle. Mon patron était peut-être l'occasion d'un certain état dépressif que je vivais, mais il ne pouvait en aucune façon en être la cause. Encore une fois, c'était mes idées irréalistes qui me torturaient et me rendaient malheureux. Je pris donc le parti de combattre mes idées irréalistes par la confrontation.

Il n'y a, en fait, rien d'abominable et d'effroyable à avoir un tel patron. C'est dans l'ordre des choses d'avoir un patron qui soit imparfait, puisque tous les êtres humains sont imparfaits. Il n'y a rien d'injuste à ce que moi j'aie un tel patron puisque de tels patrons existent et que je ne peux en aucune façon espérer un traitement de faveur sur la terre. Qu'il ne suive même pas les cours qu'il me conseille de suivre le prive sûrement de certaines connaissances intéressantes et le rend peut-être moins efficace et agréable comme patron, mais rien ne dit que tous les patrons doivent être efficaces et agréables, même si cela est dans leur intérêt. Les patrons demeurent des êtres humains, imparfaits par définition. Je préférerais qu'il suive la ligne hiérarchique et qu'il s'adresse d'abord à moi avant de s'adresser à mes subordonnés, mais il me faut bien avouer qu'il a le droit de parler à qui il veut, quand il le veut, et que ça ne donne rien de m'en faire si, de toute façon, je ne peux rien y changer.

Mais, justement, est-ce bien vrai que je ne peux rien y changer? Me suis-je seulement donné l'objectif d'améliorer ce que je peux améliorer, et quels seraient les actes les plus opportuns pour y arriver? À compter du moment où je permets à mon patron, dans mon for intérieur, de parler à qui il veut, de communiquer de façon imparfaite, d'être un humain imparfait comme tous les êtres humains en somme, à compter de ce moment je cesse d'être agressif et hostile à son égard. A compter de ce moment également je suis en mesure de lui parler et de lui faire voir l'intérêt qu'il a à tenir compte des autres, à améliorer sa communication et à traiter tout le monde de la façon la plus juste possible. S'il y voit son intérêt, il y a une chance qu'il change quelques-uns de ses comportements. Et même si ça ne changeait rien, je n'ai rien à perdre à essayer puisque je ne m'en trouverai pas plus mal qu'avant: il me restera toujours l'acceptation pour les choses que je ne peux pas changer. J'ai intérêt à me rappeler les deux grands principes de la philosophie émotivorationnelle: l'action pour tout ce qui dépend de moi, et l'acceptation pour tout ce qui ne dépend pas de moi. De plus, le seul fait que j'accepte mon patron comme un être humain imparfait, tel qu'il est, et que je cesse d'entretenir en moi l'idée irréaliste que je mérite un patron parfait, ce seul fait, dis-je, me rendra moins agressif, plus serein et mieux disposé devant mon patron. Et lui-même sera alors mieux disposé à mon égard. Comment ne pas se rappeler le grand philosophe Épictète, un esclave qui a tellement bien appliqué cette philosophie dans sa vie, que ses bonnes dispositions ont amené son maître à l'affranchir! La relation d'autorité entre un esclave et son maître était pourtant beaucoup plus difficile que toute relation entre patron et employé.

De plus, comme Peter Drucker le dit dans *The Effective Executive*, c'est dans ton intérêt de travailler dans le sens des forces de ton patron, en l'acceptant comme un être humain imparfait, et en lui demandant des interventions d'appui qui correspondent à ses forces.

Tout ce que j'ai dit jusqu'ici dans les neuf premiers chapitres à propos de la relation orientée du supérieur vers le subordonné est également vrai de la relation du subordonné vers le supérieur. La relation est tout simplement inversée, mais elle comporte exactement les mêmes caractéristiques. Ainsi ai-je intérêt à savoir où je vais dans ma relation avec mon patron, ou en d'autres mots à me donner l'objectif de travailler dans le sens de ses forces. J'ai intérêt à agir dans le sens de cet objectif, à être réaliste en acceptant mon patron comme un être humain, imparfait par définition, à rechercher mon intérêt personnel à long terme plutôt qu'à court terme, à comprendre mon patron et à savoir me mettre à sa place, dans une saine situation d'empathie, à communiquer efficacement avec lui, à lui donner le droit, dans mon for intérieur, d'être différent et de ne pas nécessairement toujours faire ce qui me plaît et à ne jamais le détester personnellement même si je puis détester ses actes. De plus, autant la punition est à proscrire vis-à-vis des subordonnés, autant la bouderie, cette forme subtile de punition, est à proscrire à l'égard des patrons. Et tout cela par pur intérêt personnel, car, en agissant autrement, je risquerais que la situation se retourne contre moi. Je risquerais aussi de me paralyser dans mon action de gestionnaire, de devenir inefficace pour recevoir de mon travail des gratifications beaucoup moins grandes.

On peut retrouver, dans l'attitude de plusieurs gestionnaires à l'égard de leur patron, dans leur hostilité ouverte ou larvée, le besoin de se prouver leur propre valeur. Si, en effet, je veux donner, à tout moment, des leçons à mon patron, n'est-ce pas une façon pour moi d'essayer de lui prouver que moi je suis parfait, que j'ai une grande valeur et que je me prends pour un dieu devant qui toute volonté doit se plier? Pourquoi ai-je donc besoin de me prouver ainsi que je suis bon? Je suis comme je suis. Et je ne peux exiger d'aucun être humain, y compris mon patron, qu'il agisse comme je le désire. En quoi pourrais-je d'ailleurs exiger de mon patron qu'il ne fasse jamais d'erreur puisqu'il est un être humain, imparfait comme tout être humain et comme moi-même?

D'autres gestionnaires expriment, dans leur attitude, un profond besoin d'être aimés par leur patron. À les voir agir, on sait qu'ils veulent toujours être les préférés, la vedette. Il faut que mon patron m'aime et qu'il reconnaisse ma valeur, se disent-ils! Si ma rémunération est augmentée relativement un peu moins que celle de mes collègues de travail, j'en conclus que mon patron ne m'aime pas alors que j'ai besoin qu'il m'aime. Et pourtant, qu'est-ce que la considération de mon patron peut changer à ma vie?

Une autre explication de la relation difficile de plusieurs employés avec leur patron, que ces employés soient eux-mêmes gestionnaires ou pas, se retrouve dans la manie qu'ont ces employés d'exiger que les autres soient parfaits. Si je suis un tel raisonnement, mon patron doit être parfait, car autrement il ne mérite pas d'être le patron. Ces exigences ont pour conséquence de me rendre malheureux car des patrons parfaits, ça n'existe pas. Bien plus, elles peuvent m'amener à des contradictions assez importantes. Je sais en effet qu'un patron peut donner des ordres, et pourtant je ne voudrais pas qu'il m'en donne à moi. Je sais qu'un patron peut déléguer des tâches, et pourtant je n'accepte pas toujours qu'il m'en délègue à moi. Je sais qu'un patron doit effectuer un contrôle, et pourtant je n'accepte pas qu'il contrôle mon travail à moi. Je sais qu'un patron peut prendre une action corrective, et pourtant je ne veux pas qu'il en entreprenne en ce qui me concerne, moi... Mes exigences, dans ce domaine comme dans plusieurs autres, impliquent que je dois avoir un traitement spécial, toujours suivant l'idée que je suis un être à part, un ange ou un dieu, et que les autres sont là pour me servir.

C'est en me forçant ainsi à penser différemment quant à mes relations avec l'autorité, et en particulier quant à mes relations avec mon supérieur immédiat, que j'en vins à accepter mon patron comme un être humain, imparfait comme tous les êtres humains. J'en vins à me dire qu'il avait le droit de me conseiller des choses qu'il ne pratiquait pas lui-même, qu'il n'était obligé à rien, qu'il était libre de communiquer comme il l'entendait et qu'il n'avait qu'à subir les conséquences de sa mauvaise communication, que ça ne m'avancerait pas d'accumuler de la colère en moi-même ou d'exprimer de l'hostilité contre mon patron, qu'il était libre d'avoir des préférés si ça lui chantait et que cela n'enlevait rien à ma personnalité puisque ma valeur, comme être humain, ne change jamais, peu importe ce que je fais.

Et je m'aperçus que, ma façon de penser ayant changé, je pouvais plus facilement amener mon patron à travailler selon mes idées. Ayant compris qu'il était dans mon intérêt que mon patron soit efficace, j'essayai de découvrir ses lignes de force. Je lui en trouvai effectivement et lui demandai plus souvent des interventions qui se situaient dans ces lignes de force. Il réagissait de façon évidemment favorable à de telles interventions, ce qui renforçait son attitude favorable à mon égard. De la sorte, je réussis à lui transmettre des messages de plus en plus difficiles, de façon non agressive, et chaque fois il réagissait de plus en plus positivement, car je crois qu'il me voyait moins agressif et sentait que je travaillais vraiment et honnêtement dans son intérêt. Quant à moi, d'être altruiste dans ma relation avec mon patron, en lui attribuant dans mon for intérieur le droit d'être différent de moi, était également dans mon intérêt personnel. Ma relation était beaucoup plus dégagée, j'en étais beaucoup plus heureux, ma stabilité émotive s'était encore améliorée et mon succès et mon efficacité avaient augmenté.

Dans les entreprises, les gens sont en majorité très exigeants pour leurs patrons. On dirait même qu'ils ne leur pardonnent pas de n'être que des êtres humains, imparfaits comme tous les êtres humains. Le même phénomène se retrouve d'ailleurs dans les organisations syndicales. Un permanent syndical me disait un jour que les membres de son syndicat exigeaient sa présence au travail pendant des heures interminables, oubliant qu'il avait lui aussi sa famille et sa vie personnelle. Il me disait même qu'on n'hésitait pas à interrompre ses vacances annuelles pour régler des problèmes qui auraient pu attendre. On retrouve également cette situation dans les organismes où oeuvrent des bénévoles. Beaucoup ont la critique facile à l'égard des dirigeants de ces organismes, dirigeants qui donnent pourtant de leur temps et souvent même de leur argent personnel pour servir des organismes travaillant au bien-être de tous. Cette manie d'exiger que les autres soient parfaits est très répandue dans notre société, au moins autant que la manie du perfectionnisme pour soi-même.

J'en conclus donc que cela fait partie d'un sain réalisme que d'accepter que mon patron soit imparfait, comme tous les êtres humains. Il est dans mon intérêt de découvrir les forces de mon patron et de travailler dans le sens de ces forces, en utilisant littéralement mon patron pour mieux accomplir les objectifs de mon unité de travail, dans mon entreprise, car il est très important pour tout employé de savoir bien travailler avec son patron, pour sa propre efficacité. Par ailleurs, le refus d'accepter son patron peut provenir de l'idée irréaliste qu'on a de se prouver à soi-même ou aux autres qu'on est bon, ou encore de l'idée irréaliste qu'on a besoin d'être aimé du patron.

Pour une bonne efficacité dans la gestion des ressources humaines, j'ai donc intérêt, comme gestionnaire, à savoir où je vais, à y aller de façon ferme et décidée, à être réaliste, à m'accepter moi-même dans un égoïsme bien compris, à développer l'altruisme dans mes relations interpersonnelles, à communiquer efficacement, à reconnaître aux autres tous les droits, à savoir distinguer l'évaluation des actes de l'évaluation des personnes, à utiliser raisonnablement des mesures disciplinaires non punitives, pour une discipline constructive et enfin, à croire que mon patron est un être humain, imparfait comme tout être humain.

Tous ces grands intérêts, en gestion, se retrouvent dans les deux grands principes de la philosophie émotivo-rationnelle: L'ACTION pour tout ce qui dépend de nous, et L'ACCEPTATION pour tout ce qui ne dépend pas de nous.

Bibliographie

Auger, Lucien, *S'aider soi-même*, Éditions de l'Homme, Montréal, 1974.

Auger, Lucien, *Communication et Épanouissement personnel*, Éditions de l'Homme, Montréal, 1972.

Auger, Lucien, *Vaincre ses peurs*, Éditions de l'Homme, Montréal, 1977.

Auger, Lucien, *L'Amour, de l'exigence à la préférence*, Éditions de l'Homme, Montréal, 1979.

Auger, Lucien, *Vivre avec sa tête ou avec son coeur*, Éditions de l'Homme, Montréal, 1979.

Auger, Lucien, *S'aider soi-même davantage*, Éditions de l'Homme, Montréal, 1980.

Auger, Lucien, *Penser heureux*, Éditions de l'Homme, Montréal, 1981.

Drucker, Peter F., *The Effective Executive*, Harper & Row, New York, 1966.

Drucker, Peter F., *Managing for Results*, Harper & Row, New York, 1964.

Drucker, Peter F., *The Practice of Management*, Harper & Row, New York, 1954.

Drucker, Peter F., *Management Tasks, Responsibilities, Practices*, Harper & Row, New York, 1973.

Drucker, Peter F., *Managing in Turbulent Times*, Harper & Row, New York, 1980.

Ellis, Albert, *Executive Leadership, a Rational Approach*, Citadel Press, Secaucus, N.J., 1972.

McGregor, Douglas, *La Dimension humaine de l'entreprise*, Collection Hommes et Organisations, Gauthier-Villars, Paris, 1976, une traduction de *The Human Side of Enterprise*, McGraw-Hill, New York, 1960.

Marc-Aurèle, Pensées pour moi-même (conjointement avec le *Manuel d'Épictète*), Garnier-Flammarion, Paris, 1964.

Table des matières

L'approche présentée dans ce livre se répand de plus en plus dans les milieux de travail. Des sessions de formation sont organisées par:

Formation 2000 inc.
7495 Marisa
Brossard J4Y 1J7
P.Q. Canada
Téléphone: (450) 656-8269

Achevé d'imprimer en août 1998 chez

VEILLEUX
IMPRESSION À DEMANDE INC.

à Boucherville, Québec